발 행 일	2025년 04월 01일(1판 1쇄)
I S B N	979-11-92695-61-7(13000)
정 가	14,000원
집 필	최은영
진 행	김진원
본문디자인	디자인앨리스
발 행 처	㈜아카데미소프트
발 행 인	유성천
주 소	경기도 파주시 정문로 588번길 24
홈 페 이 지	www.aso.co.kr

이 책은 저작권법에 따라 보호를 받는 저작물이므로 무단 전재와 무단 복제를 금지하며, 이 책 내용의 전부 또는 일부를 이용하려면 반드시 ㈜아카데미소프트의 서면 동의를 받아야 합니다.

OT [작품 만들기_한글 2022]

 예제 파일 불러오기

[파일] 탭-[불러오기]-[불러올 파일]-각 차시에 맞게 파일을 선택하여 불러옵니다.

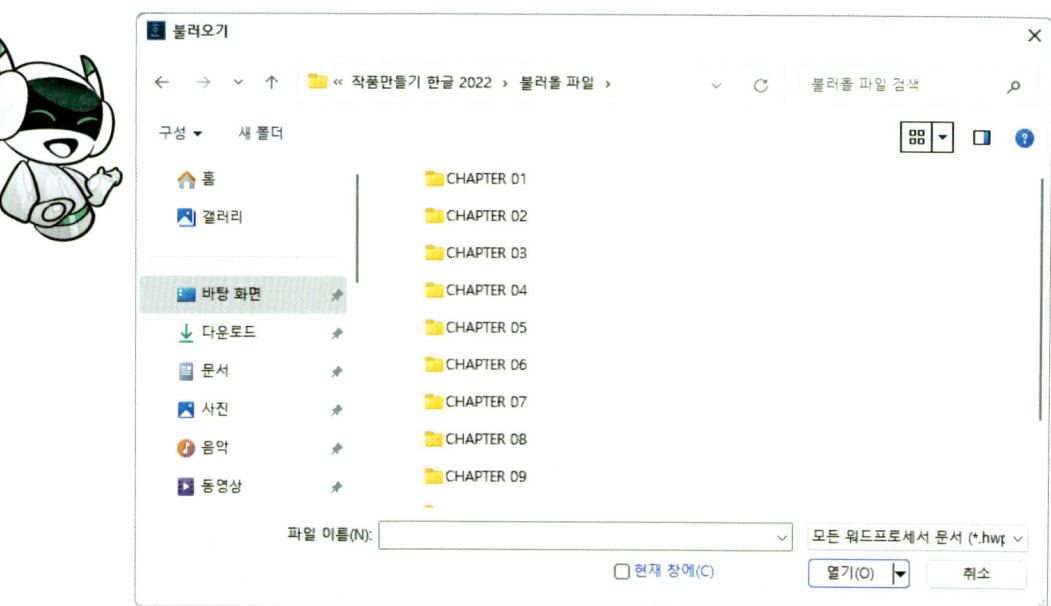

 완성 파일 저장하기

[파일] 탭-[다른 이름으로 저장하기]를 클릭하고 [다른 이름으로 저장하기] 대화상자가 나오면 본인의 폴더를 선택한 후, '파일 이름'을 입력합니다. 이어서, <저장> 단추를 클릭합니다.

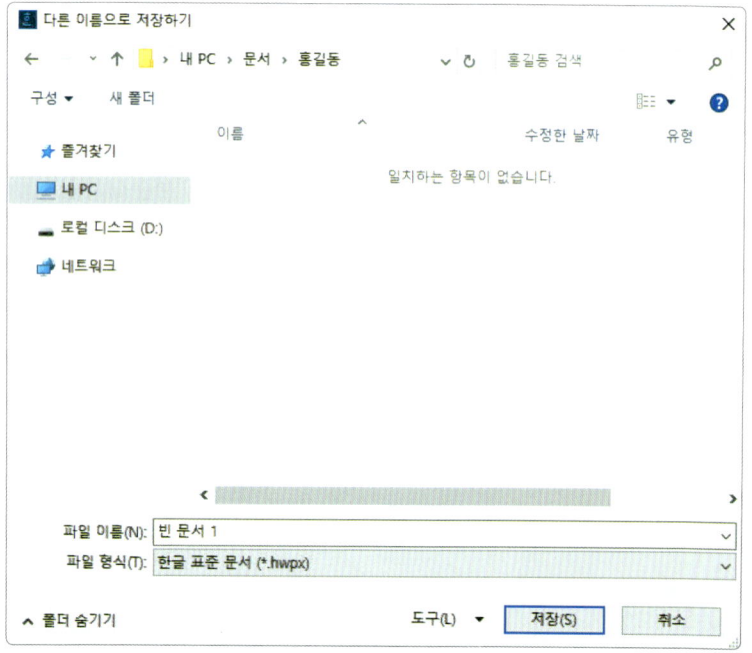

Orientation

▶ 작품 만들기 한글 2022의 다양한 기능들을 학습할 수 있도록 구성하였습니다.

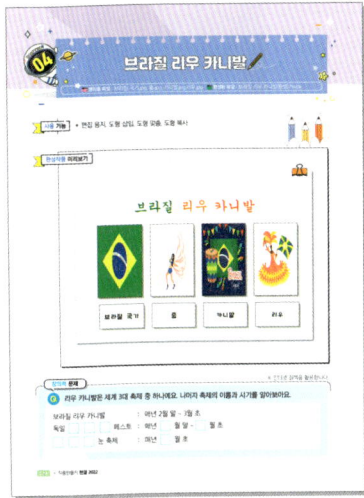

완성작품 미리보기 & 퀴즈 타임

각 장별로 우리나라의 축제와 세계 축제를 소개합니다. 완성 작품을 확인하고 퀴즈 타임으로 상식 문제를 학습할 수 있도록 구성되어 있습니다.

본문 따라하기

한글 2022의 여러 가지 기능들을 체계적으로 학습할 수 있도록 구성되어 있습니다.

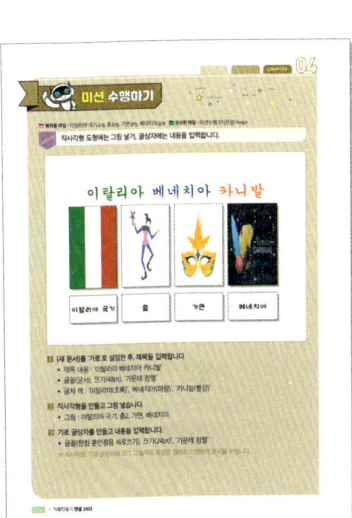

미션 수행하기

앞에서 배운 내용을 다시 한 번 복습할 수 있도록 미션 문제를 제공합니다. 그리고 8차시, 16차시, 24차시에는 PROJECT 문제를 통해 배운 내용을 점검할 수 있도록 구성되어 있습니다.

목차

| 006 **01 차시** | 012 **02 차시** | 020 **03 차시** |

태백산 눈축제

영국 런던 새해 축제

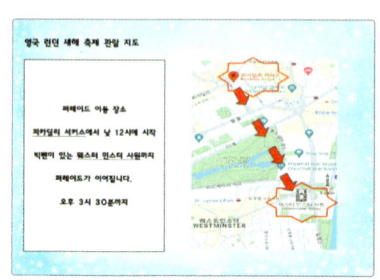

삼척 정월 대보름제

| 028 **04 차시** | 036 **05 차시** | 046 **06 차시** |

브라질 리우 카니발

논산 딸기 축제

인도 홀리 축제

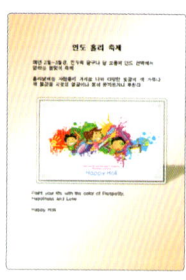

| 052 **07 차시** | 060 **08 차시** | 062 **09 차시** |

함평 나비 대축제

PROJECT 01 스위스 취리히 젝세로이텐

음성 품바 축제

| 068 **10 차시** | 074 **11 차시** | 084 **12 차시** |

네덜란드 큐켄호프 튤립 축제

강릉 단오제

스웨덴 하지 축제

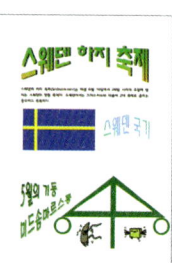

Contents

092   **13 차시**

봉화 은어 축제

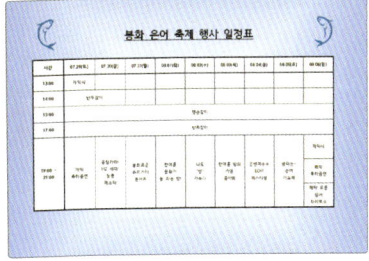

100   **14 차시**

미국 독립기념일 불꽃놀이

106   **15 차시**

인천 펜타포트 락페스티벌

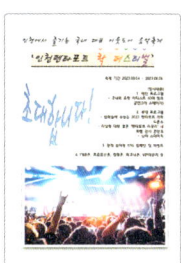

112   **16 차시**

PROJECT 02 스페인 토마토 축제

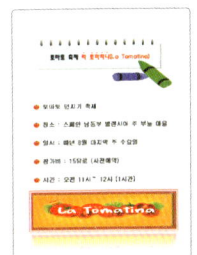

114   **17 차시**

세계유산축전 수원화성

120   **18 차시**

세계 3대 축제

126   **19 차시**

한글 한마당

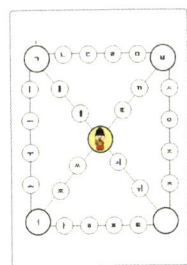

132   **20 차시**

마스카라 페스티벌

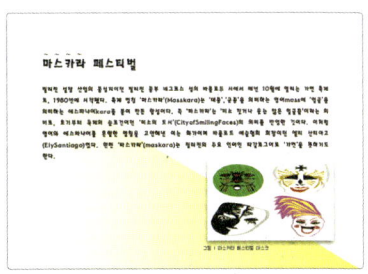

138   **21 차시**

사과축제

144   **22 차시**

태국 러이끄라통

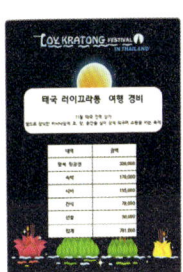

150   **23 차시**

크리스마스

158   **24 차시**

PROJECT 03 유럽 3대 크리스마스 마켓

태백산 눈축제

불러올 파일 : 산마크.jpg, 태백산.jpg　**완성된 파일** : 태백 눈축제(완성).hwpx

사용 기능　● 쪽 테두리 배경, 글상자, 글자 모양, 문단 모양

완성작품 미리보기

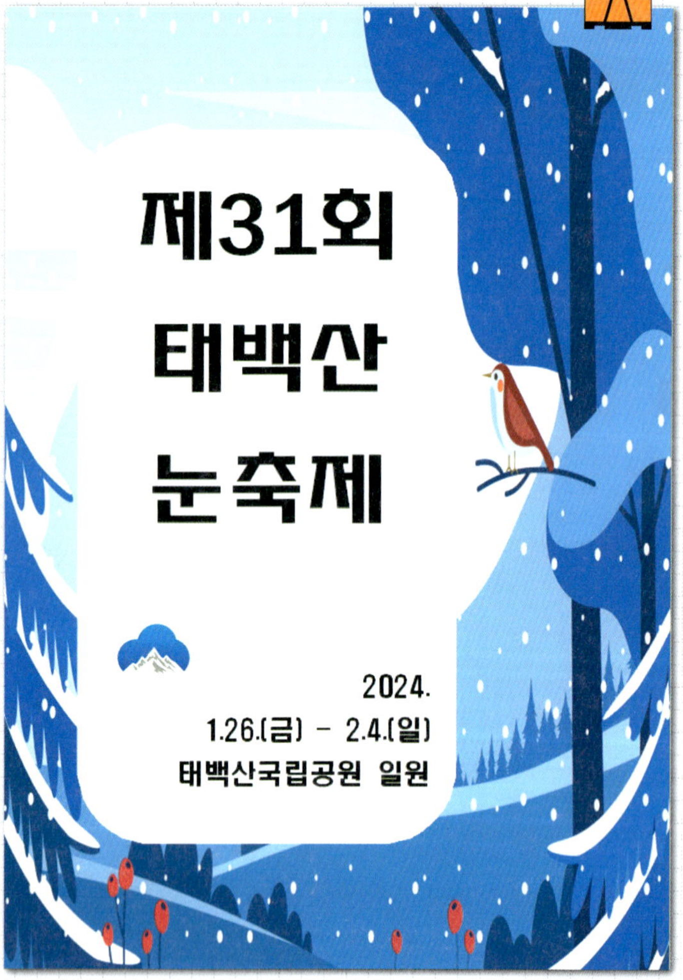

제31회
태백산
눈축제

2024.
1.26.(금) – 2.4.(일)
태백산국립공원 일원

창의력 문제　　　　　　　　　　　　　　　　　　　　　※ 인터넷 검색을 활용합니다.

Q　1. 우리나라에서 제일 높은 산?　□ □ 산

　　2. 세계에서 제일 높은 산?　□ □ □ □ □ 산

01 쪽 테두리/배경 지정하기

1 [한글 2022]를 실행한 다음 [새 문서]를 클릭하고 [쪽] 탭-[쪽 테두리/배경( )]을 클릭합니다.

2 [쪽 테두리/배경] 대화상자가 나오면 [배경] 탭의 '그림'을 체크하고 '그림 선택( )' 아이콘을 클릭합니다.

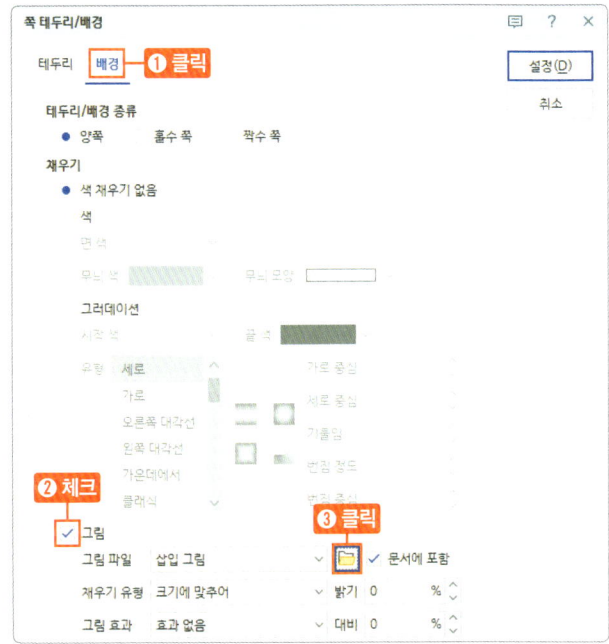

3 [그림 넣기] 대화상자가 나오면 [불러올 파일]-[CHAPTER 01]-'태백산.jpg' 파일을 선택하고 '문서에 포함'을 체크한 다음 <열기> 단추를 클릭합니다. 이어서, [쪽 테두리/배경] 대화상자가 나오면 <설정> 단추를 클릭합니다.

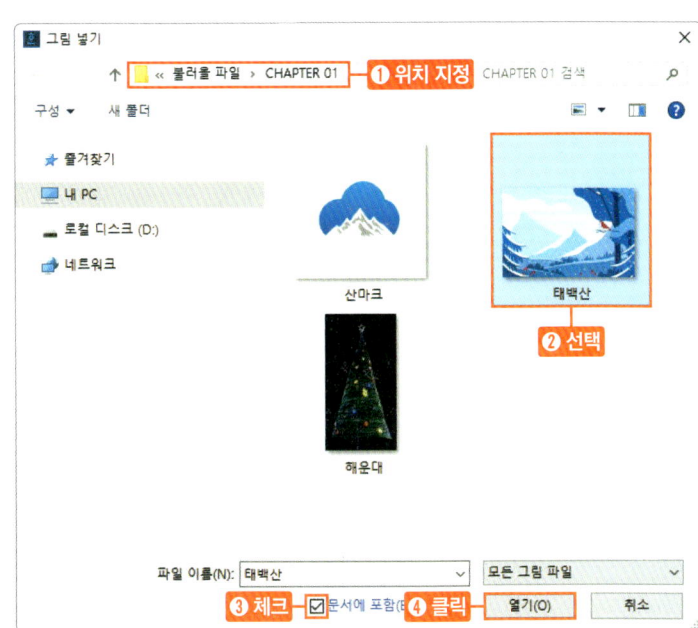

02 글상자를 삽입하고 글꼴 서식, 선 스타일 변경하기

1 한 화면에 그림을 전체 보기 위해 [보기] 탭-'쪽 맞춤(□)'을 클릭합니다.

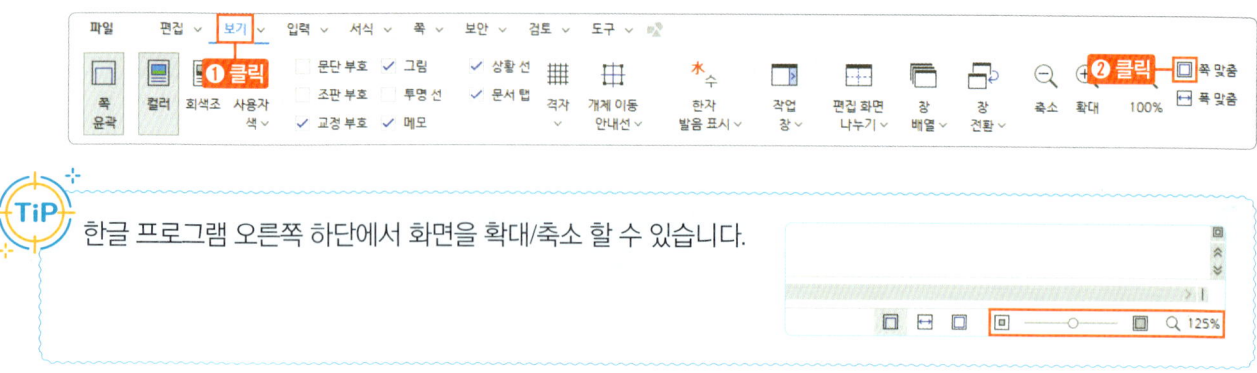

> **TiP** 한글 프로그램 오른쪽 하단에서 화면을 확대/축소 할 수 있습니다.

2 입력된 쪽 배경 위에 [입력] 탭-'가로 글상자(≣)' 아이콘을 클릭합니다.

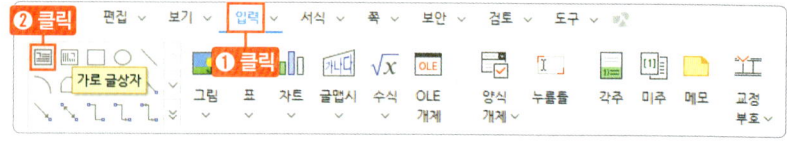

> **TiP** [편집] 탭-[도형]-'가로 글상자(≣)'도 있어요.

3 마우스 포인터가 ✛ 모양으로 변경되면 다음과 같이 드래그한 후, '제31회 태백산 눈축제 2024.1.26.(금) – 2.4.(일) 태백산국립공원 일원' 이라고 입력합니다.

※ Enter 키를 이용하여 줄 바꿈을 해줍니다.

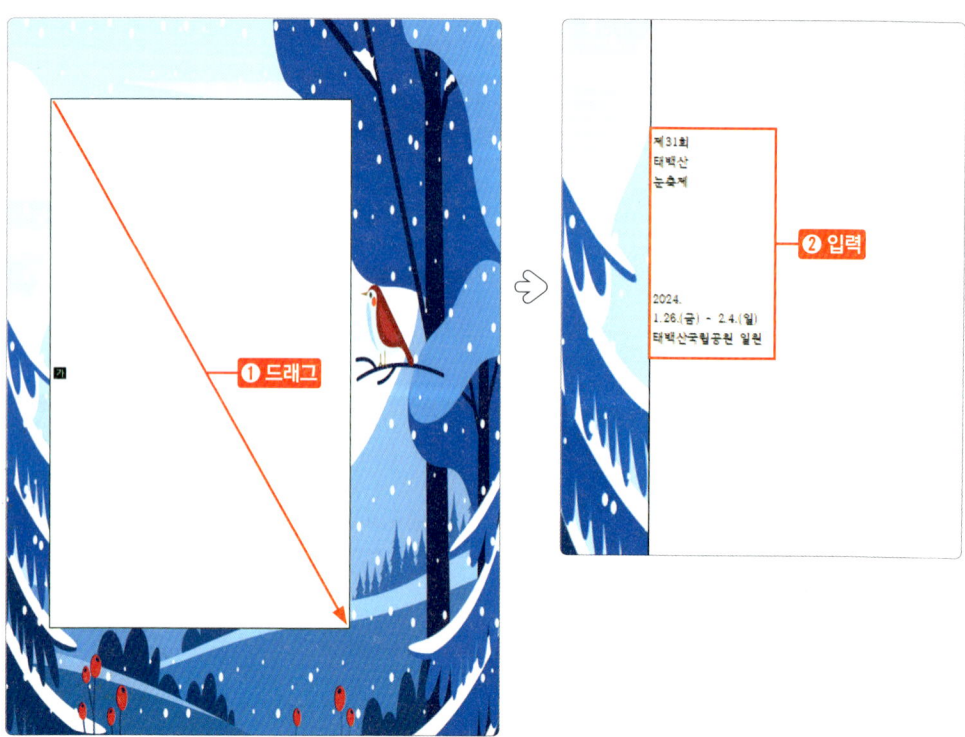

4 글상자의 '제31회 태백산 눈축제 '를 블록 지정한 후, [서식] 도구 상자에서 글꼴(HY수평선B), 크기(72pt), '가운데 정렬'을 클릭합니다.

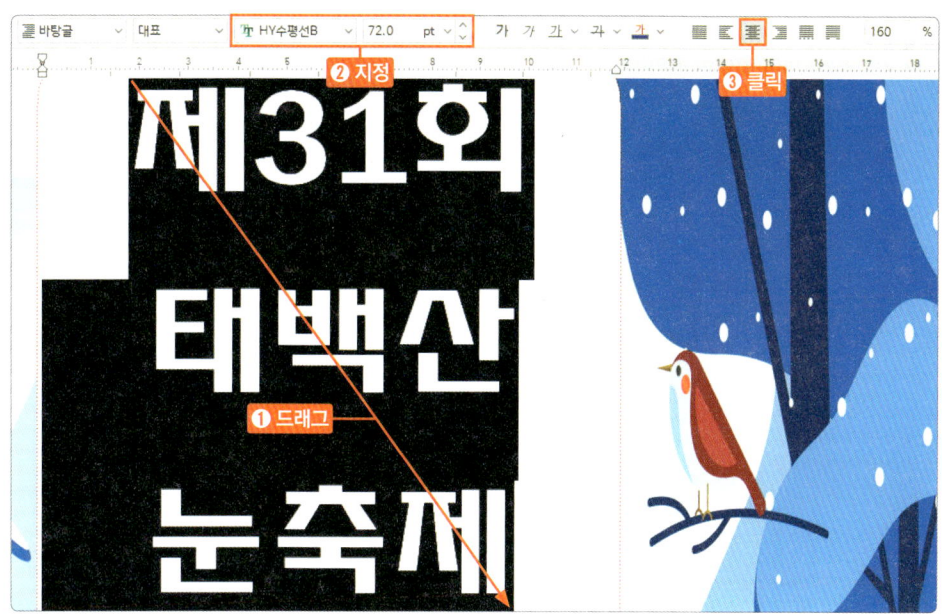

5 글상자의 '2024.1.26.(금) – 2.4.(일) 태백산국립공원 일원 '을 블록 지정한 후, [서식] 도구 상자에서 글꼴(HY헤드라인M), 크기(24pt), '오른쪽 정렬'을 클릭합니다.

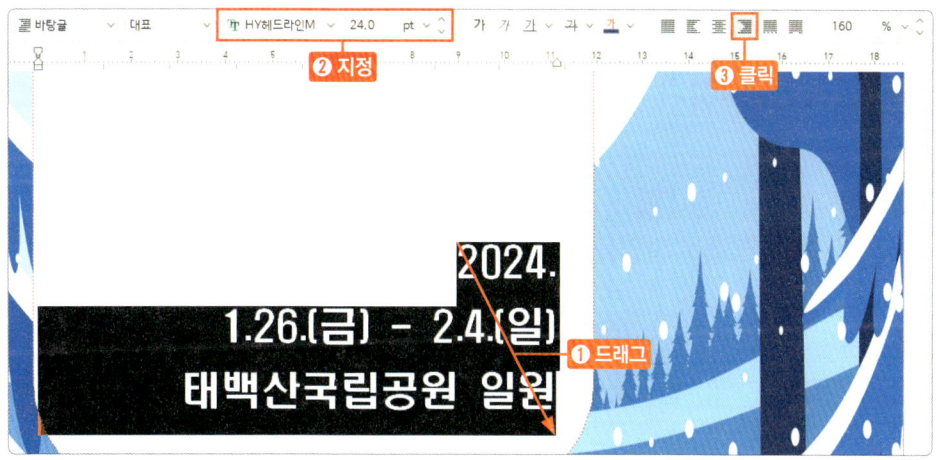

6 블록 지정을 유지한 상태에서 마우스 오른쪽 단추를 눌러 [문단 모양]을 클릭합니다. 이어서, [문단 모양] 대화상자에서 [기본] 탭–'여백'에서 '오른쪽(20pt)'로 입력한 다음 <설정> 단추를 클릭합니다.

 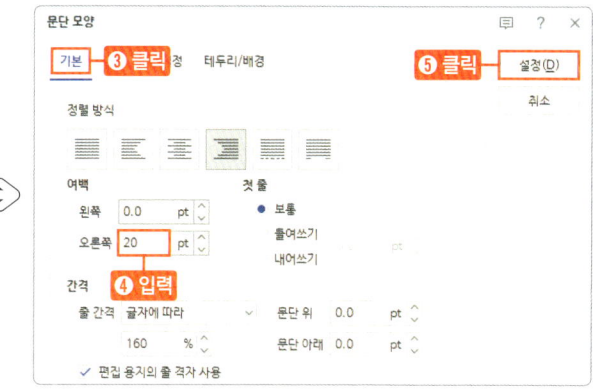

7 글 상자의 테두리를 더블 클릭합니다. 이어서, [개체 속성] 대화상자가 나오면 [선] 탭-'선'에서 '종류(없음)'으로 선택한 후, '사각형 모서리 곡률'에서 '둥근 모양'을 클릭한 다음 <설정> 단추를 클릭합니다.

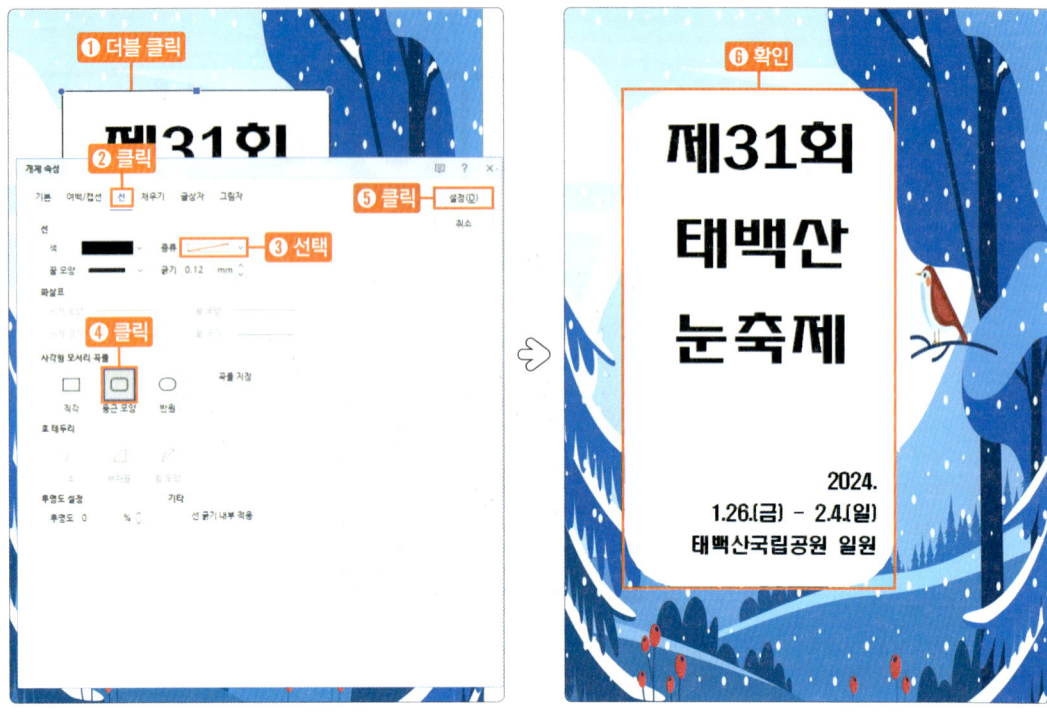

03 그림 삽입하기

1 [입력] 탭-[그림()]을 클릭합니다. 이어서, [그림 넣기] 대화상자가 나오면 [불러올 파일]-[CHAPTER 01]-'산마크.jpg' 파일을 선택하고 <열기> 단추를 클릭합니다.

2 날짜 내용이 있는 왼쪽 빈 공간으로 드래그한 후, [그림( )] 탭-'글 앞으로( )'를 클릭합니다.

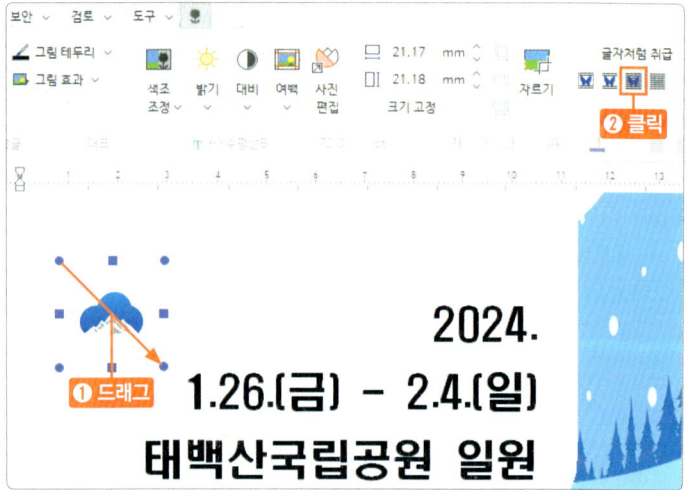

3 모든 작업이 끝나면 [파일] 탭-[저장하기( )]를 클릭하고 본인의 폴더를 선택합니다. 이어서, 파일 이름을 '태백 눈축제(홍길동)'으로 저장합니다.

미션 수행하기

■ 불러올 파일 : 해운대.jpg   ■ 완성된 파일 : 1차시 미션(완성).hwpx

 쪽 배경을 지정하고, 가로 글상자를 이용하여 문서를 완성합니다.

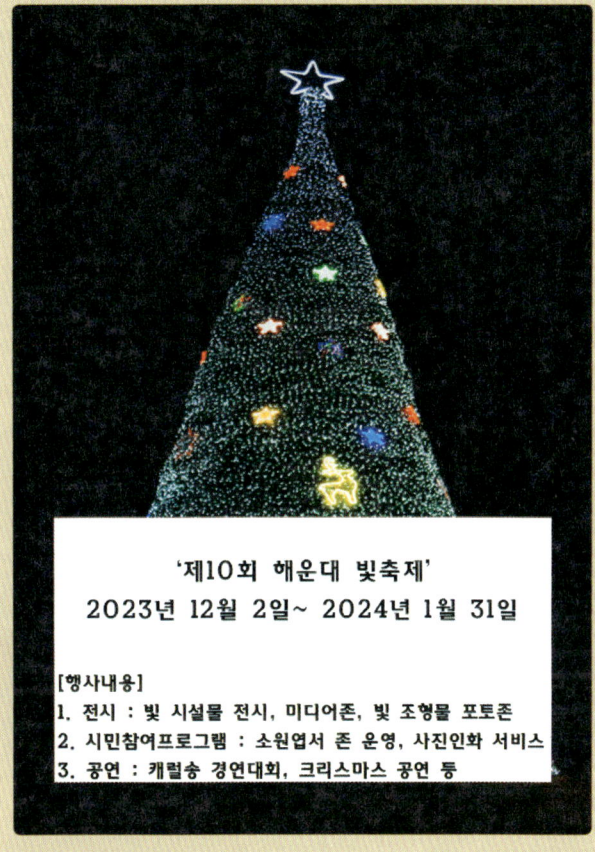

1 쪽 테두리/배경 그림은 [불러올 파일]-[CHAPTER 01]-'해운대.jpg'로 삽입합니다.

2 가로 글상자로 내용 입력하고 글꼴 서식을 지정합니다.

'제10회 해운대 빛축제'
2023년 12월 2일~ 2024년 1월 31일

– 글꼴(한컴 소망B), 크기(24pt), '가운데 정렬'

[행사내용]
1. 전시 : 빛 시설물 전시, 미디어존, 빛 조형물 포토존
2. 시민참여프로그램 : 소원엽서 존 운영, 사진인화 서비스
3. 공연 : 캐럴송 경연대회, 크리스마스 공연 등

– 글꼴(한컴 소망B), 크기(18pt)

영국 런던 새해 축제

📕 불러올 파일 : 런던배경.jpg   📗 완성된 파일 : 영국 런던 새해 축제(완성).hwpx

사용 기능   • 글상자, 줄 간격, 구글 지도, 스크린 샷, 도형 삽입

완성작품 미리보기

창의력 문제   ※ 인터넷 검색을 활용합니다.

Q 다른 나라에서 새해를 맞이 하고 싶다면 어느 나라로 가고 싶나요?

[예시] 북극에서 맞이하고 싶어요. 북극의 새해맞이 축제가 있을까 궁금해서요.

012 • 작품만들기 한글 2022

01 쪽 테두리/배경과 글상자를 삽입하고 글꼴 서식 지정하기

1 [한글 2022]를 실행한 다음 [새 문서]를 클릭하고 [쪽] 탭-'가로(≡)'를 클릭합니다. 이어서, [쪽 여백]-'좁게2(머리말/꼬리말 여백포함)'을 선택합니다.

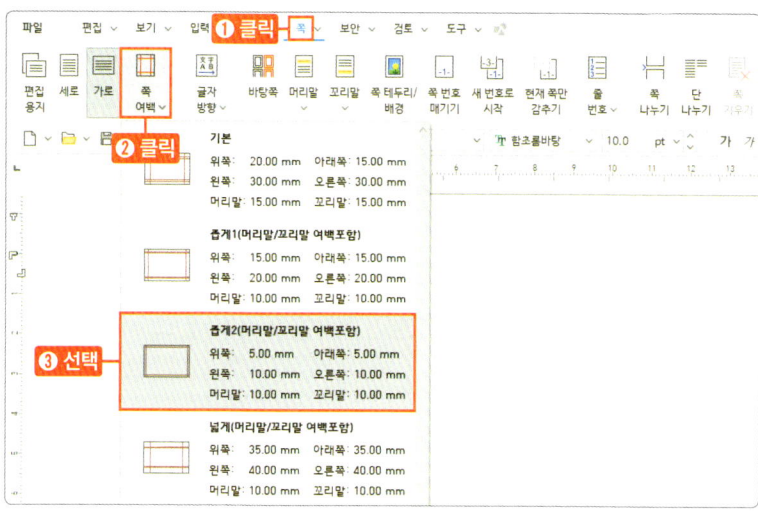

2 [보기] 탭-'쪽 맞춤(□)'을 클릭합니다.

3 [쪽] 탭-[쪽 테두리/배경(▨)]을 선택한 후, 대화상자가 나오면 [배경] 탭의 '그림'을 체크하고 '그림 선택(▢)' 아이콘을 클릭합니다. 이어서, [그림 넣기] 대화상자가 나오면 [불러올 파일]-[CHAPTER 02]-'런던배경.jpg' 파일을 선택하고 <열기> 단추 및 <설정> 단추를 클릭합니다.

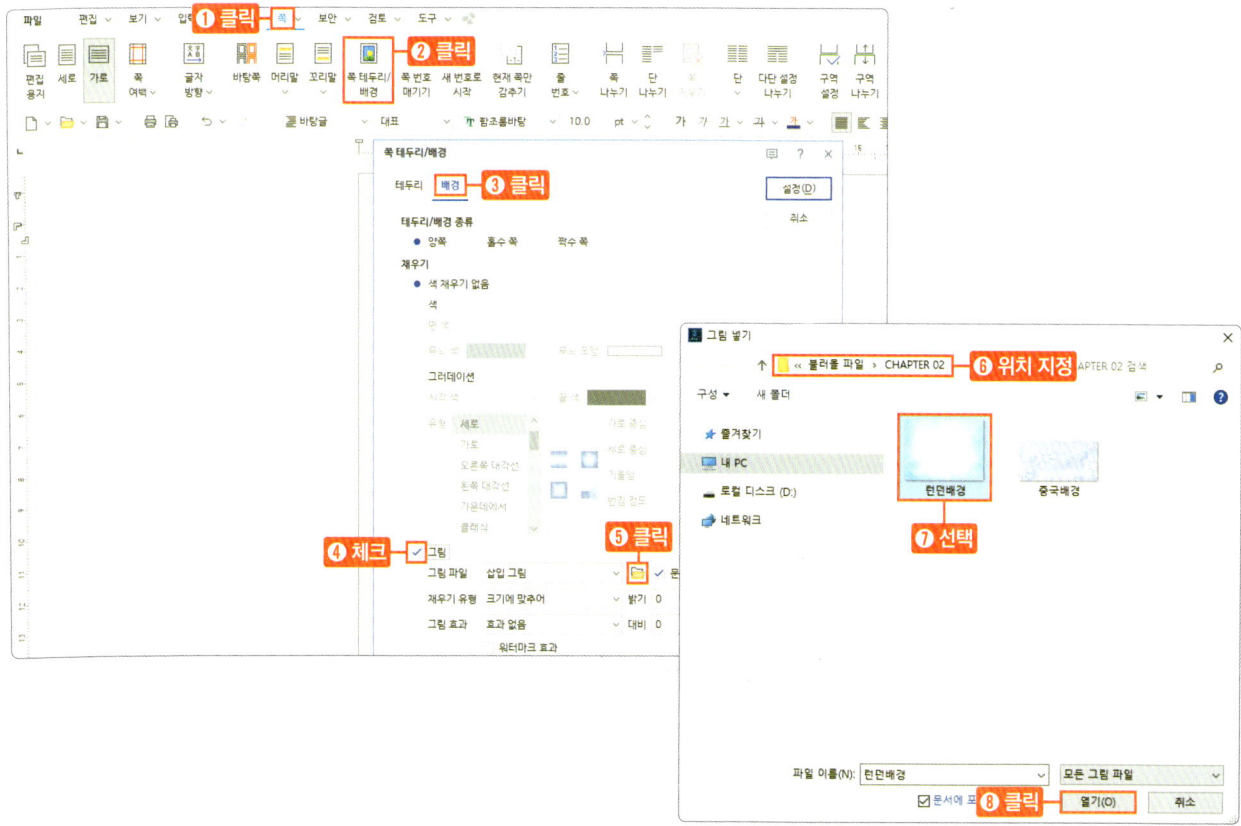

4 '영국 런던 새해 축제 관람 지도'를 입력한 다음 블록 지정을 하여 [서식] 도구상자에서 '글꼴(한컴 윤고딕 250), 크기(20pt)'를 클릭합니다.

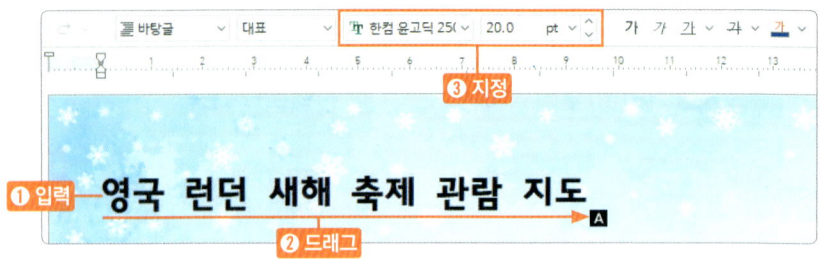

5 [입력] 탭-'가로 글상자( )' 아이콘을 클릭합니다.

6 마우스 포인터가 ✚ 모양으로 변경되면 그림과 같이 드래그한 후, '퍼레이드 이동 장소 피카딜리 서커스에서 낮 12시에 시작 빅벤이 있는 웨스터 민스터 사원까지 퍼레이드가 이어집니다. 오후 3시 30분까지'를 입력합니다.

※ 글꼴(한컴 윤고딕 250), 크기(18pt), '가운데 정렬', 줄 간격(300%)

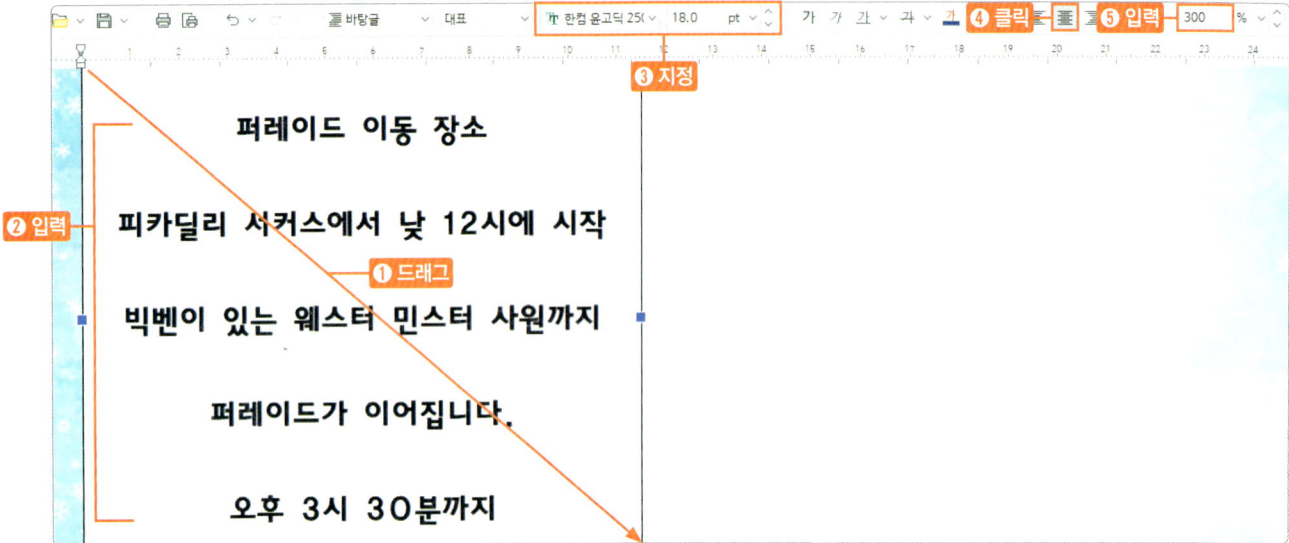

7 '피카딜리 서커스' 글자와 '웨스터 민스터 사원' 글자를 각각 드래그하여 [서식] 도구상자에서 '밑줄( )'을 클릭합니다.

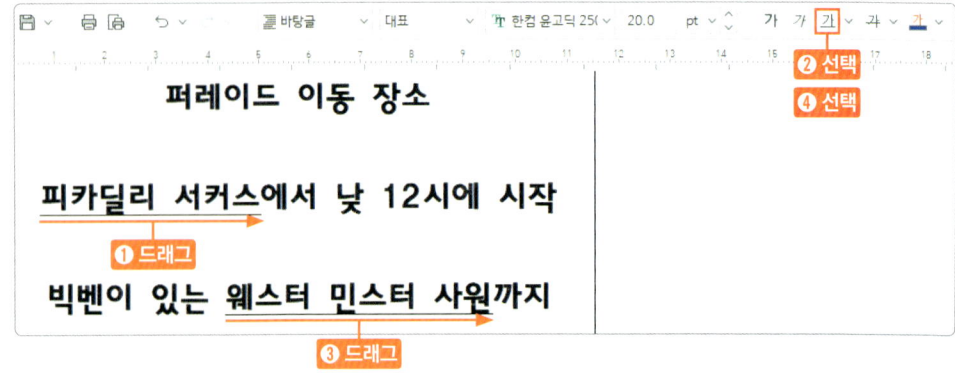

02 스크린 샷 사용하기

1 웹 브라우저에서 '구글 지도'를 검색합니다.

2 구글 지도에서 검색란에 '피카딜리 서커스'을 입력한 후, 검색합니다.
   ※ 화면에 '피카딜리 서커스'와 '웨스터 민스터 사원'이 보이게 지도화면을 확대 또는 축소로 조절합니다.

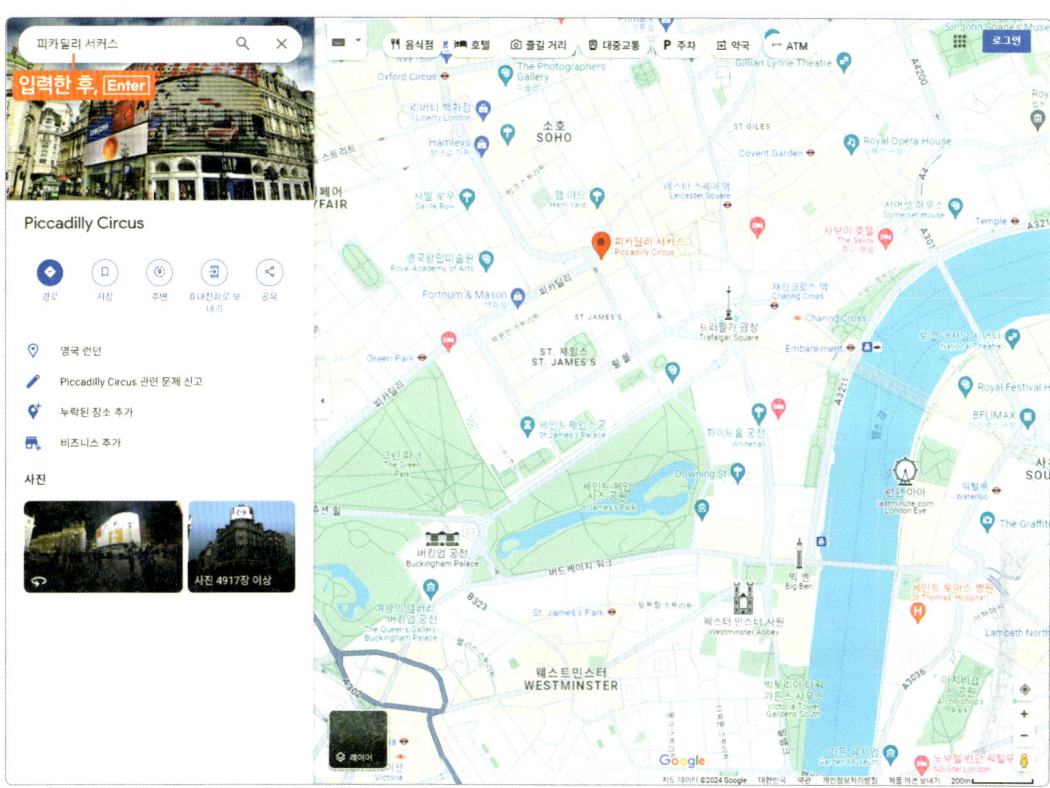

3 한글 프로그램으로 돌아와 [입력] 탭-[그림]-[스크린 샷(📷)]-'화면 캡처'를 클릭한 후, 보이는 구글 지도에서 다음과 같이 드래그합니다.

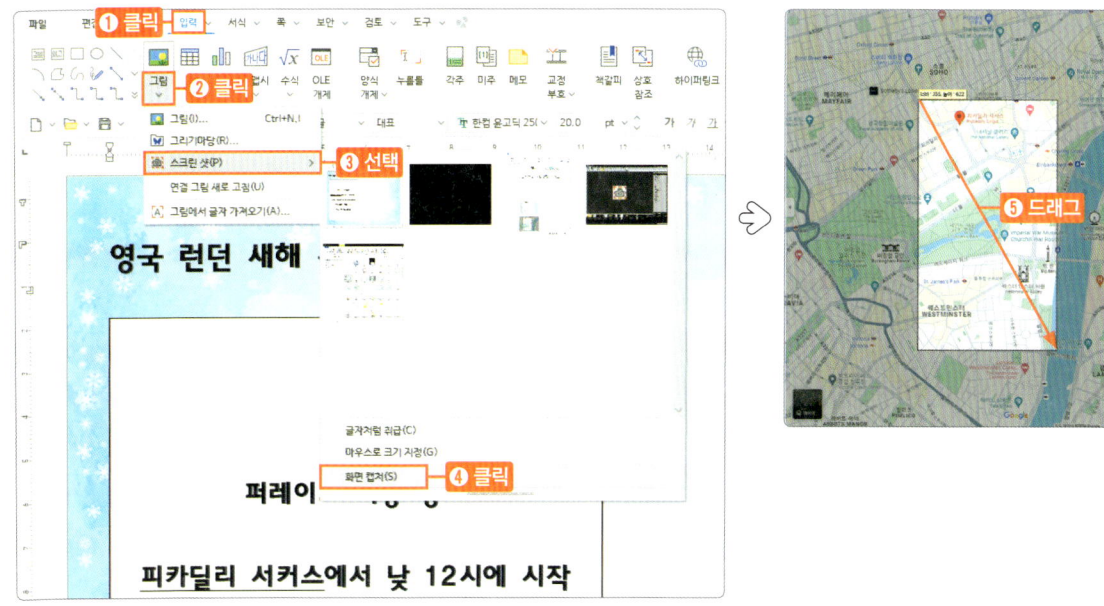

4 한글에서 스크린 샷으로 그림이 삽입되면 그림의 크기와 위치를 조절합니다.

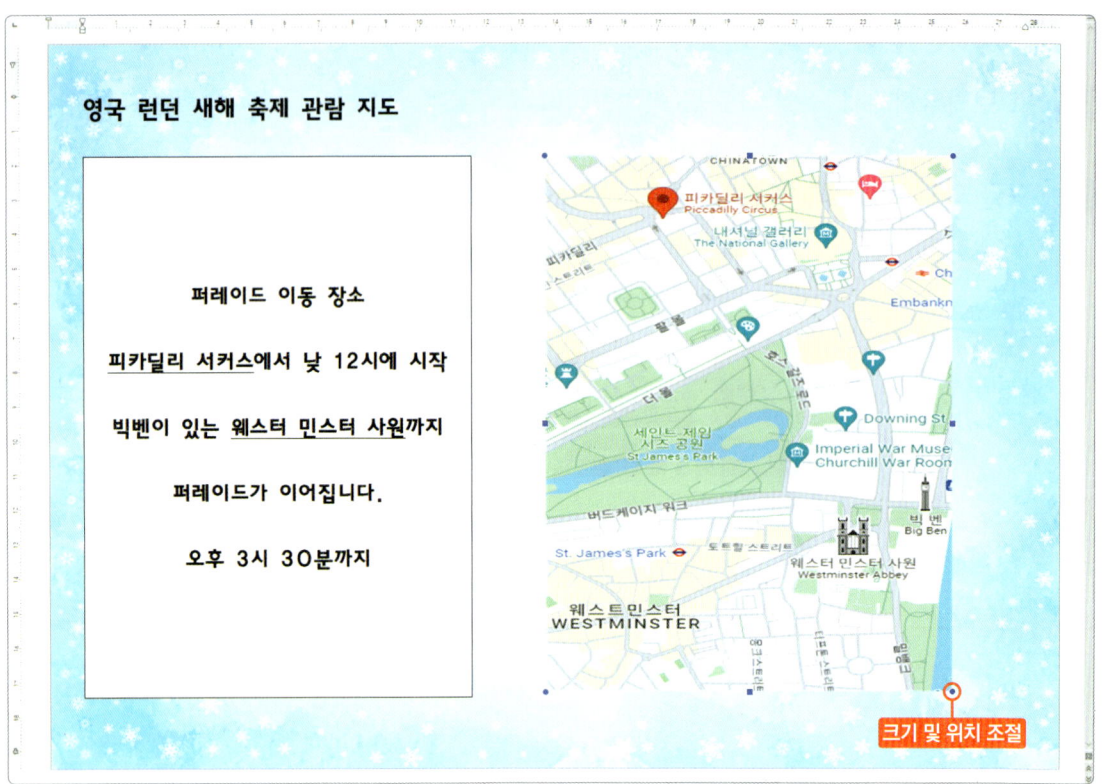

03 입력된 그림위에 도형을 넣고 이동경로 만들기

1 입력된 지도 그림 위에 [입력] 탭-[그림]-'그리기 마당(M)'을 선택합니다. 이어서, [그리기 마당] 대화상자가 나오면 [그리기 조각] 탭-[블록화살표]에서 '아래쪽 화살표' 선택한 후, <넣기> 단추를 클릭한 다음 다음과 같이 지도위에 드래그 합니다.

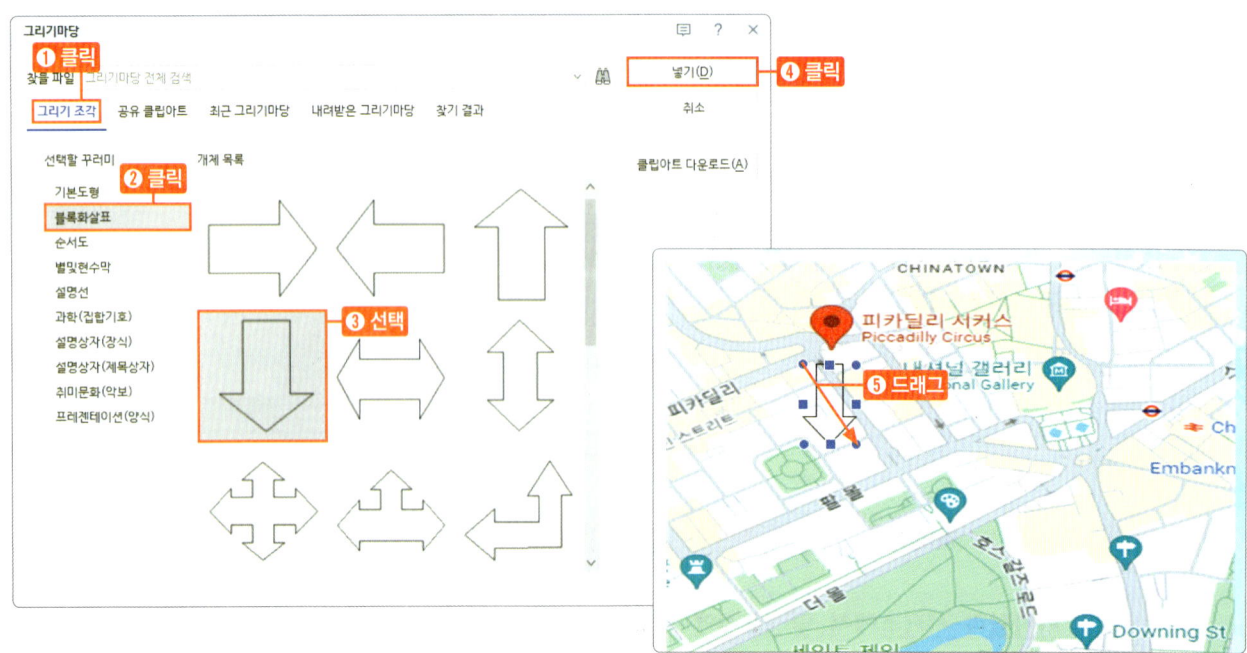

2 입력된 화살표에 [도형( )] 탭-[도형 채우기( )]에서 '빨강'을 선택합니다. 이어서, [회전( )]-'개체 회전'을 선택하여 방향을 다음과 같이 지정합니다.

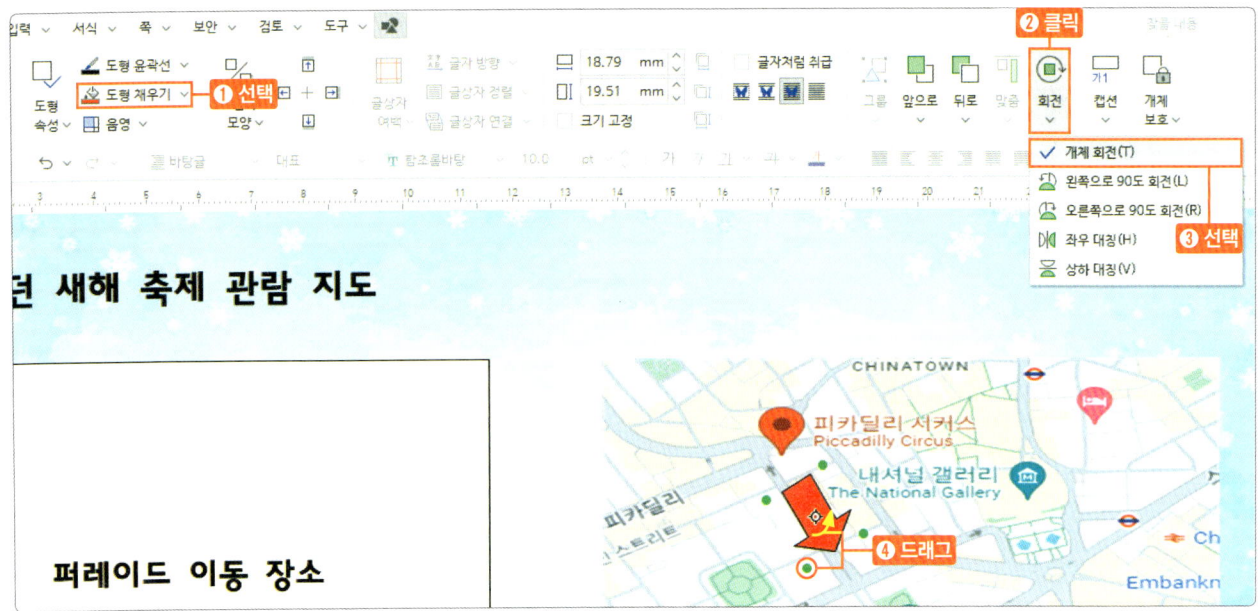

3 '아래쪽 화살표'를 Ctrl 키를 누르면서 드래그하여 복사합니다.
※ 웨스터 민스터 사원 방향으로 '아래쪽 화살표'를 복사합니다.

4 [입력] 탭-[그림]-[그리기 마당(M)]-[별및현수막]-'포인트가 8개인별'을 선택한 후, <넣기> 단추를 클릭한 다음 다음과 같이 시작 장소 지도위에 드래그 합니다.

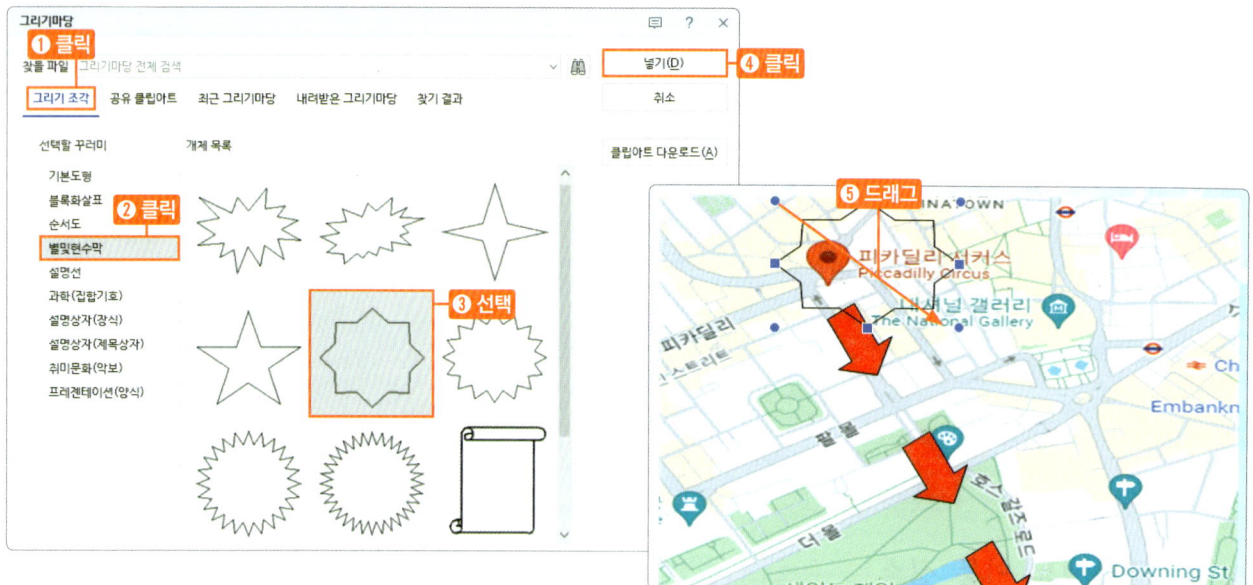

5 '포인트가 8개인별'을 더블 클릭한 후, [개체속성] 대화상자에서 [선] 탭-'선'에서 '색(빨강), 굵기(1.0mm)'를 지정한 다음 <설정> 단추를 클릭합니다.

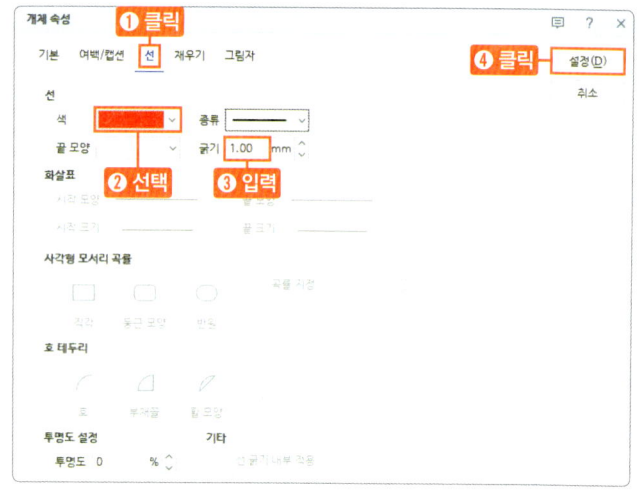

6 만들어진 도형을 마지막 장소인 '웨스턴 민스터 사원'으로 Ctrl 키를 누르면서 드래그하여 복사합니다.

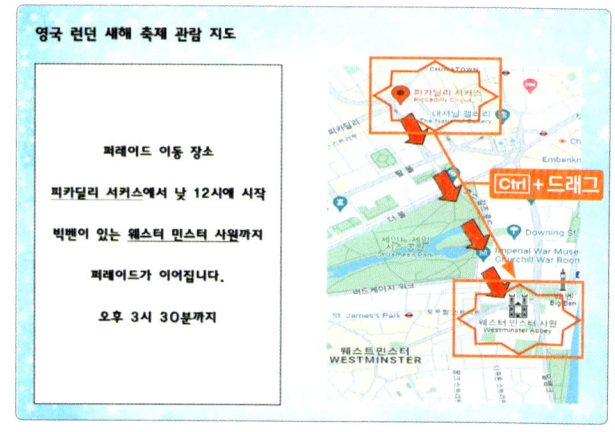

7 모든 작업이 끝나면 [파일] 탭-[저장하기]를 클릭하고 본인의 폴더를 선택합니다. 이어서, 파일 이름을 '영국 런던 새해 축제(홍길동)'으로 저장합니다.

■ 불러올 파일 : 중국배경.jpg ■ 완성된 파일 : 2차시 미션(완성).hwpx

 배경을 지정하고 글상자와 지도를 삽입합니다.

중국 하얼빈 국제 빙설제

세계 3대 눈 축제

1월 5일 개막 ~ 2월 말

중국 헤이룽장 성 하얼빈시 개최

〈주요 행사〉

하얼빈 빙설대세계

타이야다오 국제 눈 조각 박람회

1 그림은 [CHAPTER 02]-'중국배경.jpg' 그림으로 쪽 배경을 지정합니다.

2 내용을 입력하고 글꼴 서식을 지정합니다.
   • 제목 : 글꼴(한컴 윤고딕 250), 크기(20pt)
   • 글상자 서식 : 글꼴(한컴 윤고딕 250), 크기(18pt), '가운데 정렬', 줄간격(300%)

3 구글 지도에서 '하얼빈 시'를 검색한 후, 스크린 샷으로 지도를 삽입합니다.

삼척 정월 대보름제

📁 불러올 파일 : 정월 대보름제.hwpx   📁 완성된 파일 : 정월 대보름제(완성).hwpx

사용 기능 • 글맵시, 도형 삽입, 그림 삽입, 문자표, 강조점

완성작품 미리보기

창의력 문제   ※ 인터넷 검색을 활용합니다.

Q 정월 대보름에 하는 민속놀이 이름과 의미를 알아보아요.

| ☐ ☐ ☐ ☐ ☐ | : 주위를 밝히고 액을 쫓고 복을 부르는 의미 |

강 강 술 래 :

| ☐ ☐ ☐ ☐ | : 많은 사람들이 함께 협력과 화합의 기쁨을 누리는 전통문화 놀이 |

다 리 밟 기 :

| ☐ ☐ ☐ ☐ | : 농사의 풍요를 기원하며 협동심과 단결력을 다지는 집단놀이 |

쥐 불 놀 이 :

01 글맵시 사용하기

1 [불러올 파일]-[CHAPTER 03]-'정원 대보름제.hwpx' 파일을 불러온 다음 [입력] 탭-'글맵시( )'의 목록 단추를 클릭한 후, '채우기 – 주황색 그러데이션, 역등변사다리꼴 모양( )'을 선택합니다.

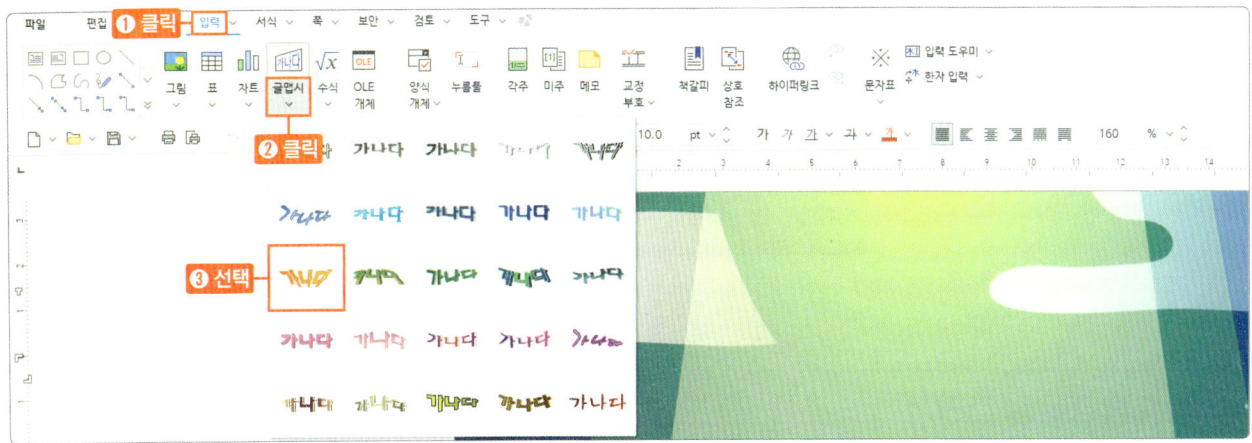

2 [글맵시 만들기] 대화상자가 나오면 내용에 '정월 대보름제'를 입력한 후, [글맵시 모양]-'아래쪽 수축( )', '글꼴(휴먼옛체)'를 선택하고 <설정> 단추를 클릭합니다.

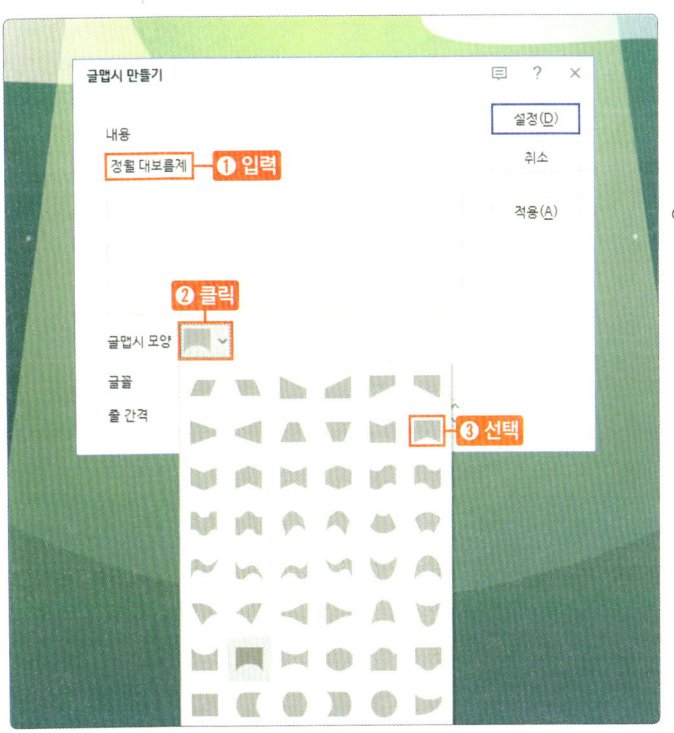

3 삽입된 글맵시의 크기를 다음과 같이 조절합니다.

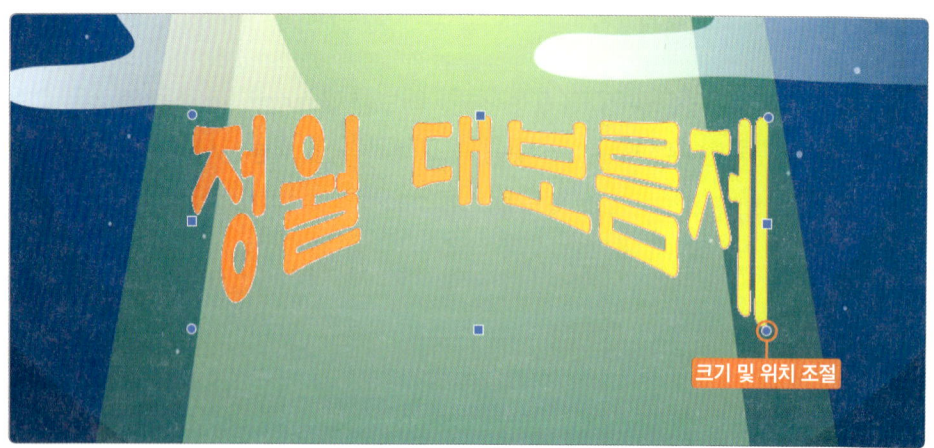

02 도형으로 달 그리기

1 [편집] 탭-[도형]-'타원(○)'을 선택한 후, 글맵시를 아래로 드래그합니다.

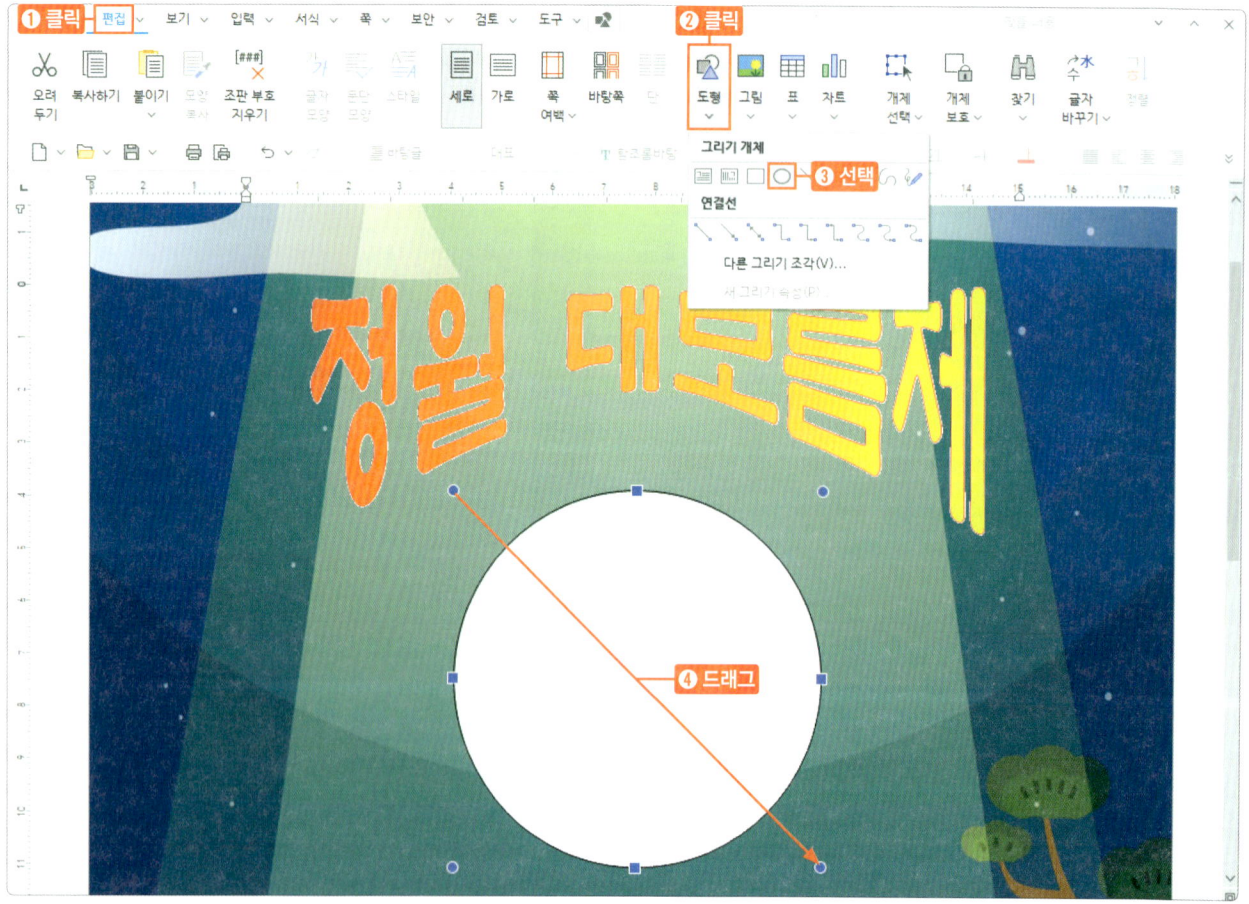

> **TiP** [입력] 탭에 개체에서도 '타원'을 입력할 수 있습니다.

2 삽입된 타원을 더블 클릭한 다음 [개체 속성] 대화상자에서 다음과 같이 지정합니다.

※ [기본] 탭-[크기]는 '너비(100mm), 높이(100mm)'
　[채우기] 탭-[채우기]-[그러데이션]에서 '시작 색(하양), 끝 색(노랑), 유형(원형)'
　[그림자] 탭-[종류]에서 '오른쪽 아래'

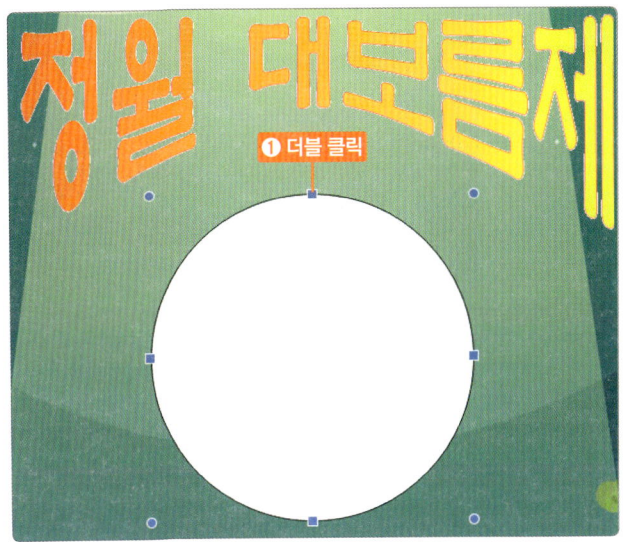
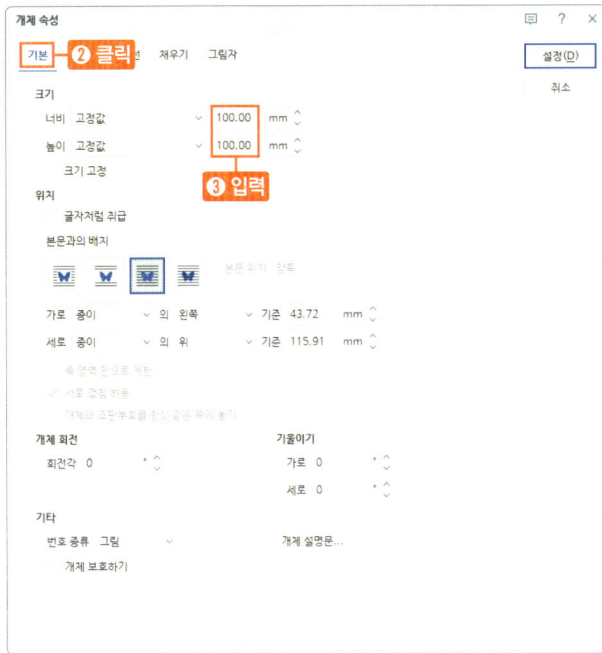
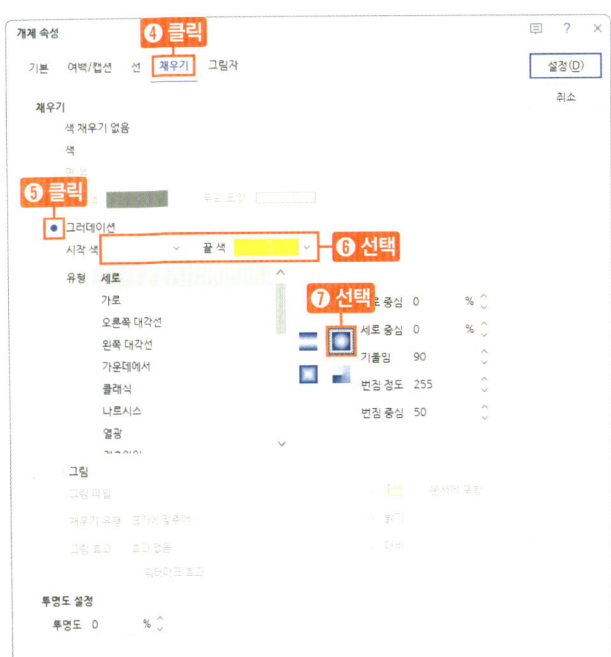
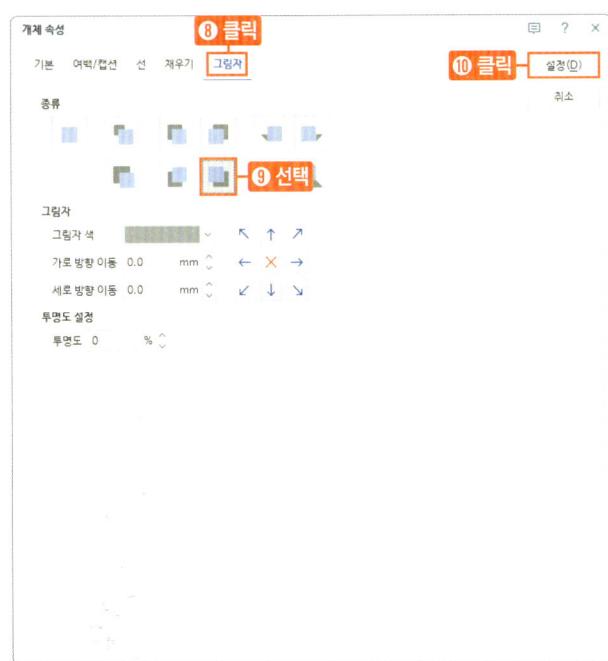

TiP [도형(📎)] 탭에서도 채우기, 그림자 모양, 크기를 변경할 수도 있습니다.

3 [입력] 탭-[그림(🌄)]을 선택합니다. 이어서, [그림 넣기] 대화상자가 나오면 [불러올 파일]-[CHAPTER 03]-'토끼1.png' 파일을 선택한 다음 '마우스로 크기 지정'을 체크하고 <열기> 단추를 클릭합니다.

※ 토끼2, 토끼3 그림을 같은 방법으로 삽입합니다.

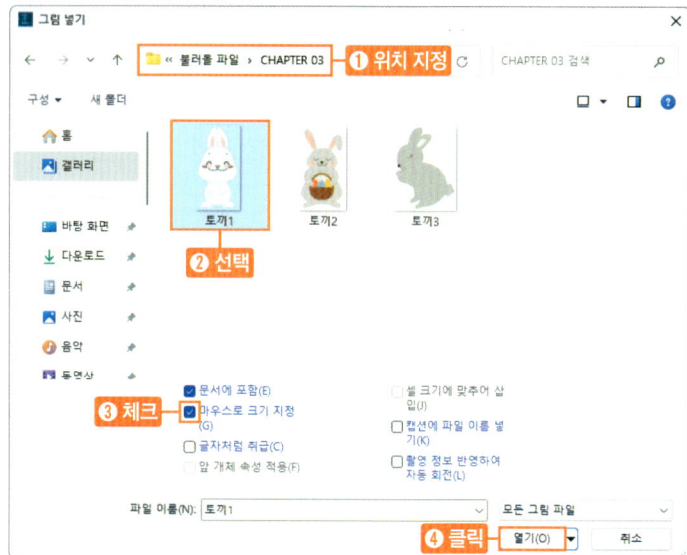

03 글상자를 이용하여 소원적기

1 [입력] 탭-'가로 글상자(▤)' 아이콘을 클릭합니다.

2 마우스 포인터가 ✚ 모양으로 변경되면 그림과 같이 드래그한 후, '《 달님! 소원을 들어주세요.☺ ' 라고 입력합니다.

※ 《, ☺ : ([문자표]-[유니코드 문자표]-'여러 가지 기호'에 있습니다.)

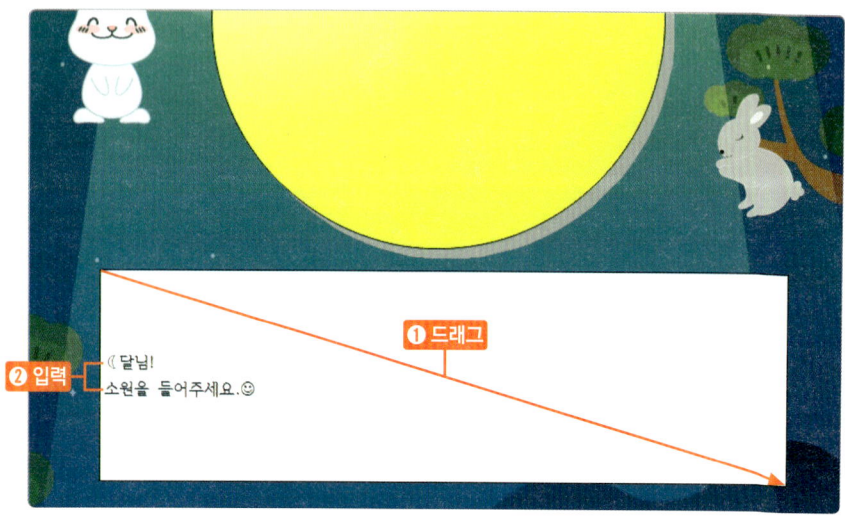

3 글상자의 테두리를 클릭한 후, [서식] 도구상자에서 글꼴(한컴 윤고딕240), 크기(48pt), '가운데 정렬'을 클릭합니다.

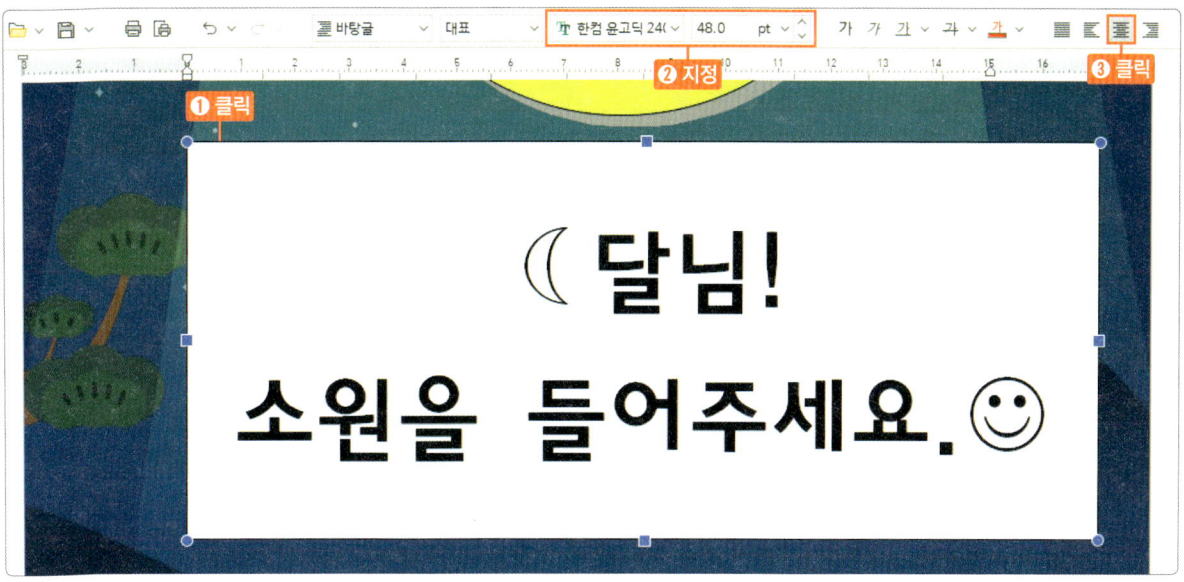

4 '달' 글자를 블록 지정한 다음 마우스 오른쪽 단추를 눌러 [글자 모양]을 클릭합니다. 이어서, [글자모양] 대화상자가 나오면 [확장] 탭-[기타]-'강조점( )'을 선택한 후, <설정> 단추를 클릭합니다.

※ 같은 방법으로 '소원' 글자도 강조점을 적용합니다.

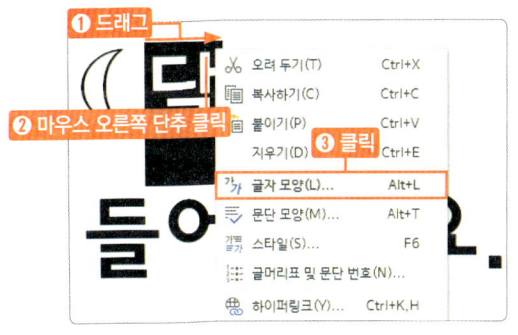
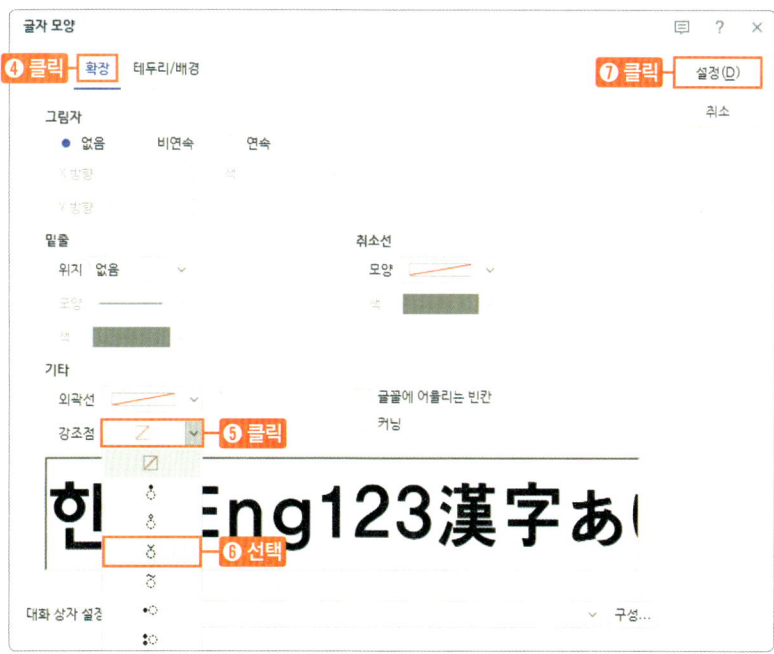

5 글상자의 테두리를 더블 클릭한 다음 [개체 속성] 대화상자에서 다음과 같이 지정합니다.

※ [채우기] 탭-[채우기]-[그러데이션]에서 '시작 색(하양), 끝 색(노랑), 유형(세로)'
　[그림자] 탭-[종류]에서 '오른쪽 위'

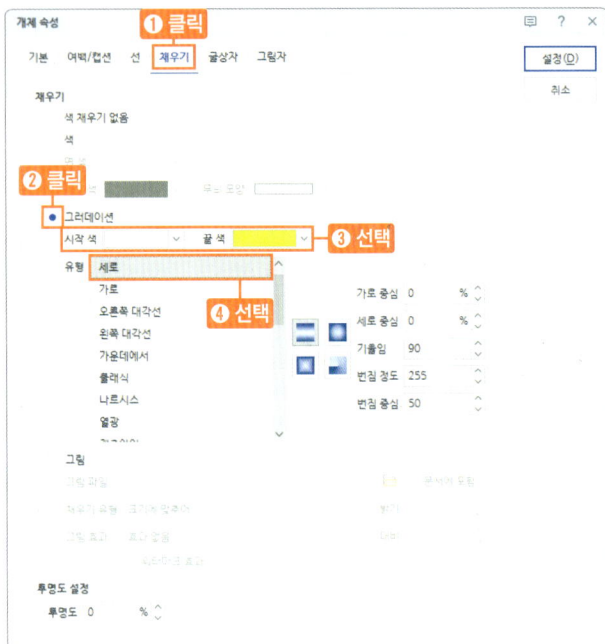
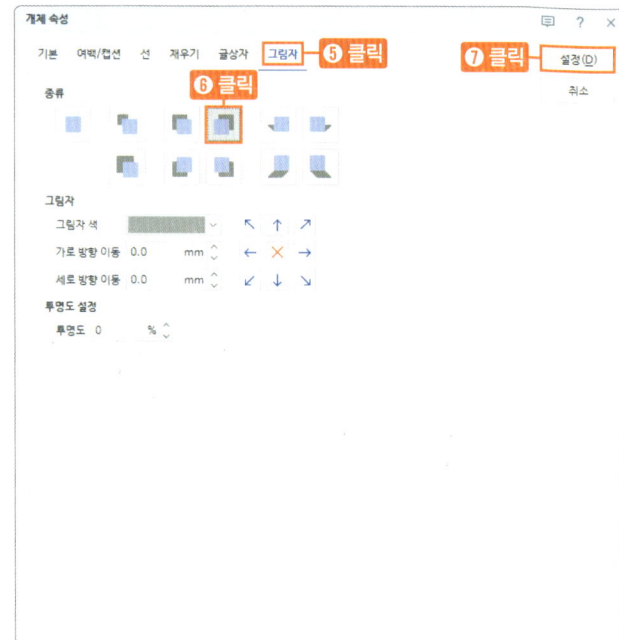

6 완성된 글상자를 확인한 다음 크기를 조절한 후, 원하는 위치에 배치합니다.

7 모든 작업이 끝나면 [파일] 탭-[저장하기]를 클릭하고 본인의 폴더를 선택합니다. 이어서, 파일 이름을 '삼척 정월 대보름제(홍길동)'으로 저장합니다.

CHAPTER 03

📁 **불러올 파일** : 미션수행 01.hwpx   📁 **완성된 파일** : 3차시 미션(완성).hwpx

MISSION 글맵시로 제목을 작성하고 도형과 글상자로 문서 꾸밉니다.

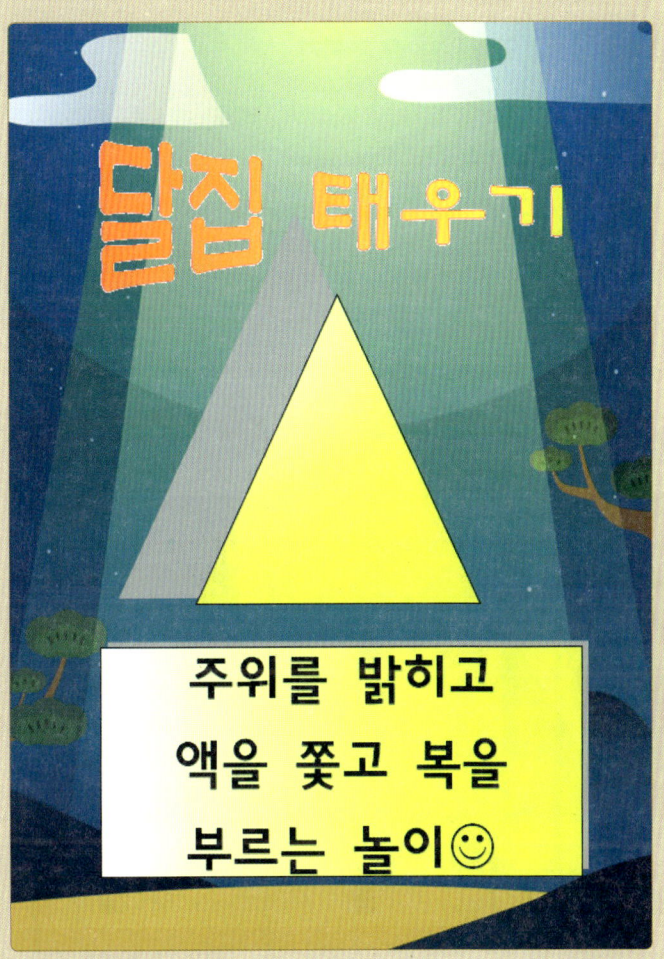

1. 글맵시()로 '달집 태우기'를 입력
   - 글맵시 모양(왼쪽으로 팽창), 글꼴(휴먼옛체)
2. [도형]-[다른 그리기 조각]-[기본도형]-'이등변 삼각형'
   - 그러데이션 : 시작 색(하양), 끝 색(노랑), 유형(원형)
   - 그림자 : 종류(크게)
3. 글상자 내용의 서식
   - 글꼴(한컴 윤고딕240), 크기(48pt), '가운데 정렬'

브라질 리우 카니발

■ 불러올 파일 : 브라질 국기.jpg, 춤.jpg, 카니발.jpg, 리우.jpg   ■ 완성된 파일 : 브라질 리우 카니발(완성).hwpx

사용 기능 • 편집 용지, 도형 삽입, 도형 맞춤, 도형 복사

완성작품 미리보기

브라질 국기   춤   카니발   리우

창의력 문제 ※ 인터넷 검색을 활용합니다.

Q 리우 카니발은 세계 3대 축제 중 하나예요. 나머지 축제의 이름과 시기를 알아보아요.

브라질 리우 카니발 : 매년 2월 말 ~ 3월 초
독일 □□ □ 페스트 : 매년 □ 월 말 ~ □ 월 초
□ □ □ 눈 축제 : 매년 □ 월 초

01 글꼴 서식 변경하기

1 [한글 2022]를 실행한 다음 [새 문서]를 클릭하고 [쪽] 탭-'가로(≡)'를 클릭합니다.

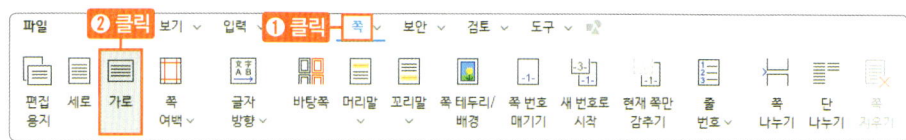

> **TiP** [편집] 탭 – '가로'로 설정도 가능합니다.

2 '브라질 리우 카니발'을 입력하고 다음 서식을 지정합니다.

※ 글꼴(궁서), 크기(48pt), '가운데 정렬' / 글자 색 : '브라질-초록', '리우-주황', '카니발- 빨강'

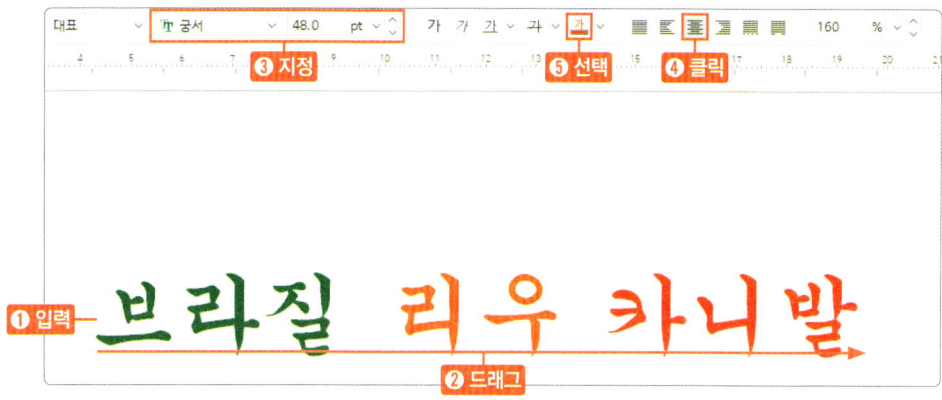

02 직사각형 도형 안에 그림 넣기

1 [편집] 탭-[도형]-'직사각형(□)'을 선택한 후, 마우스 포인터가 ✥ 모양으로 변경되면 제목 왼쪽 아래로 드래그합니다.

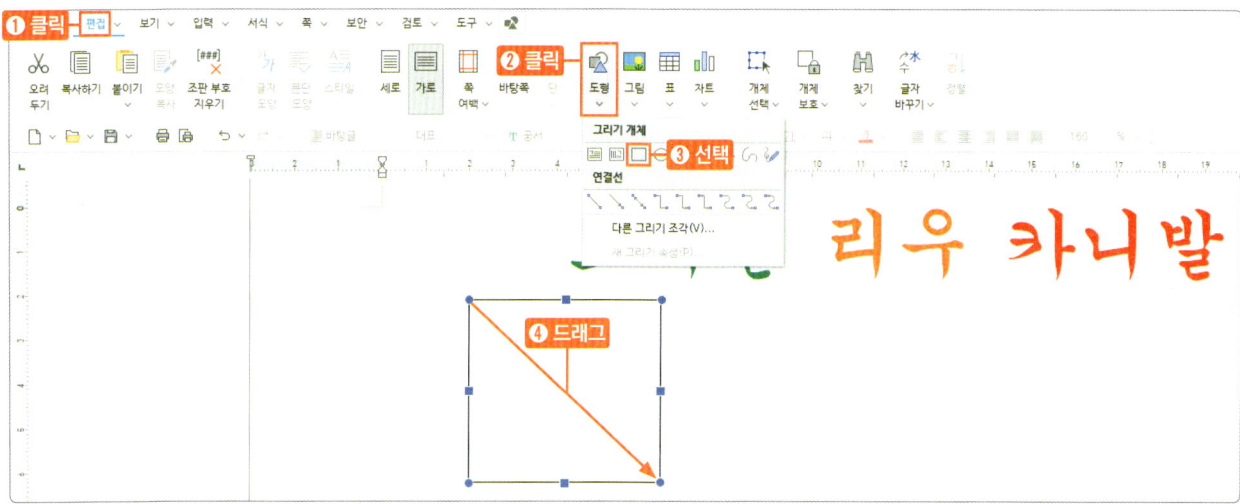

2 직사각형이 선택된 상태에서 [도형( )] 탭-[그림자 모양]-'오른쪽 아래( )'를 선택합니다. 이어서, 너비(55mm), 높이(90mm)를 입력한 후, 크기 고정을 체크합니다.

※ 크기 고정을 하면 이동하거나 복사시 크기가 변하지 않습니다.

3 선택된 직사각형을 Ctrl + Shift 키를 누르면서 드래그하여 복사합니다.

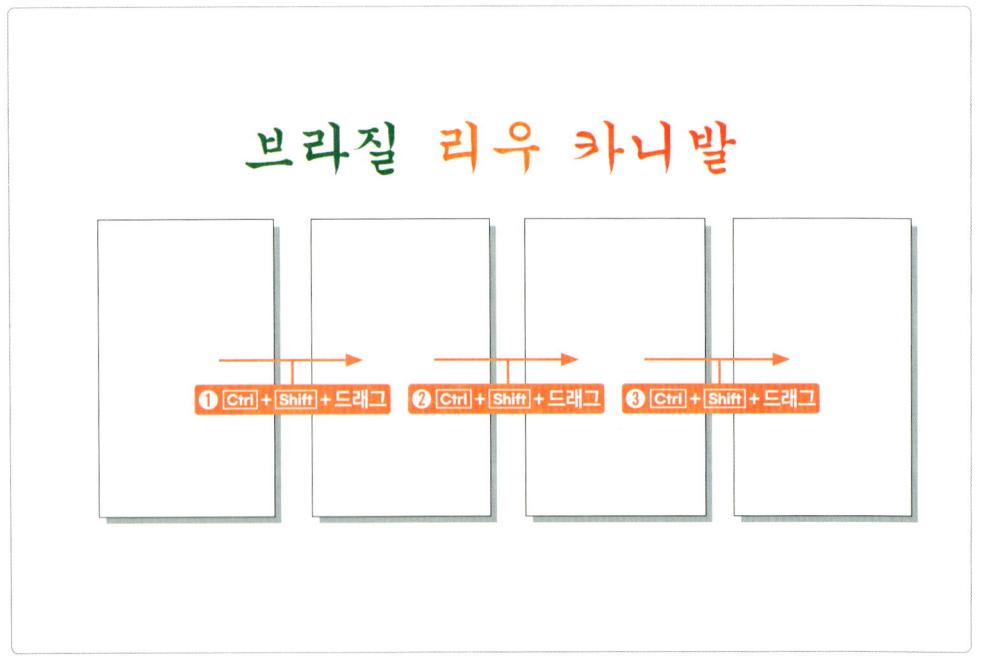

4 첫 번째 직사각형을 더블 클릭한 다음 [개체 속성] 대화상자가 나오면 [채우기] 탭에서 '그림'을 체크하고 그림 선택(📁) 아이콘을 클릭합니다.

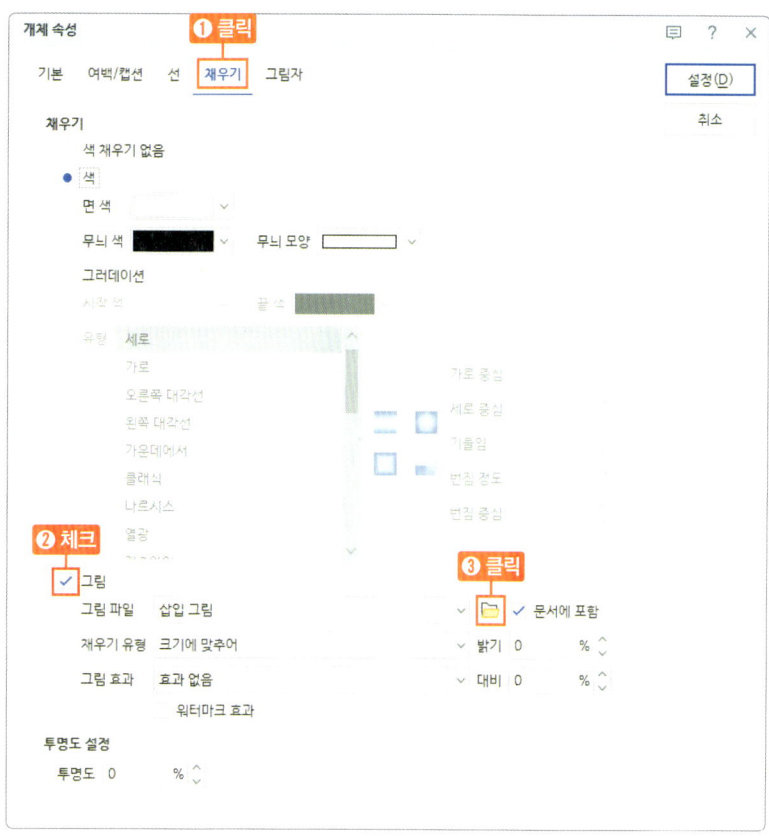

5 [그림 넣기] 대화상자가 나오면 [불러올 파일]-[CHAPTER 04]-'브라질 국기.jpg' 파일을 선택하고 <열기> 단추를 클릭합니다. 이어서, <설정> 단추를 클릭합니다.

※ 같은 방법으로 나머지 직사각형에도 춤, 카니발, 리우 순으로 그림을 삽입합니다.

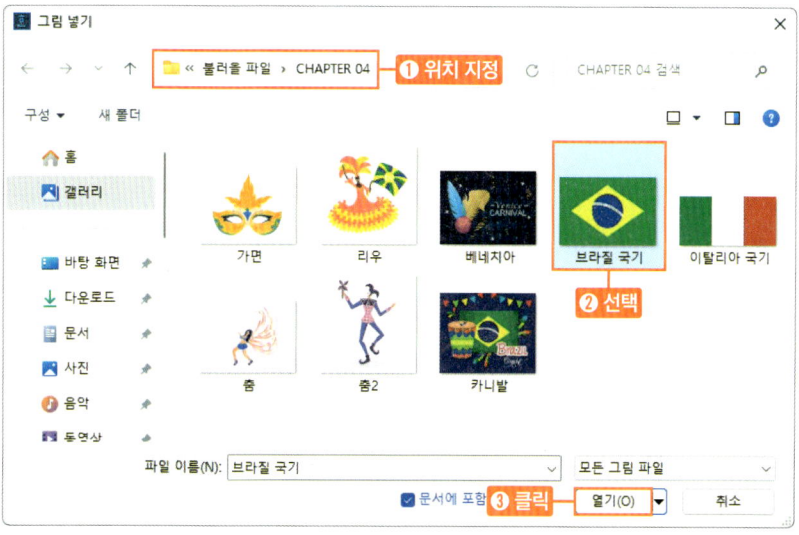

6 Shift 키를 누르고 4개의 직사각형을 선택합니다. 이어서, [도형( )] 탭-[맞춤( )]-'가로 간격을 동일하게( )'을 선택한 후, 가로의 여백을 같게 합니다.

03 글상자 삽입하기

1 [편집] 탭-[도형]-'가로 글상자( )'를 클릭한 후, 마우스 포인터가 ┼ 모양으로 변경되면 다음과 같이 드래그하여 '브라질 국기'를 입력합니다.

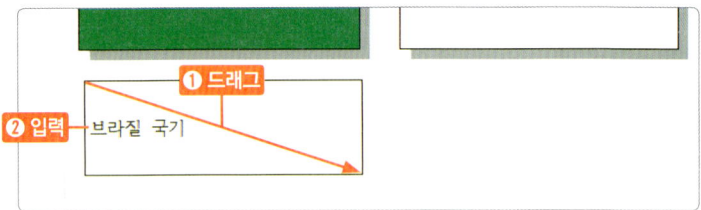

2 글상자의 테두리를 클릭한 다음 서식을 변경합니다.
　　※ 글꼴(한컴 훈민정음 세로쓰기), 크기(24pt), '가운데 정렬'

3 [도형(🔻)] 탭-[그림자 모양]-'오른쪽 아래(▨)'를 선택합니다. 이어서, 너비(55mm), 높이(30mm)를 입력한 후, 크기 고정을 체크합니다.

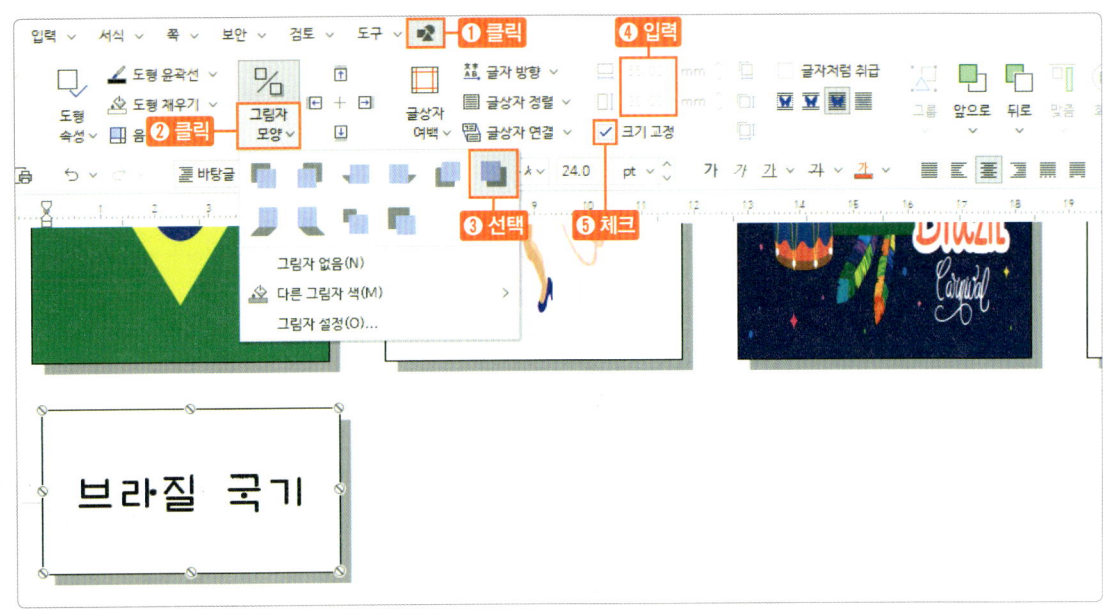

4 글상자를 선택한 다음 Ctrl + Shift 키를 누르면서 복사합니다. 이어서, 글상자의 내용을 '춤', '카니발', '리우'로 수정합니다.

5 Shift 키를 누른채 4개의 글상자를 선택합니다. 이어서, [도형(🔻)] 탭-[맞춤(▥)]-'가로간격을 동일하게(▥)'을 선택한 후, 가로의 여백을 같게 합니다.

6 모든 작업이 끝나면 [파일] 탭-[저장하기]를 클릭하고 본인의 폴더를 선택합니다. 이어서, 파일 이름을 '브라질 리우 카니발(홍길동)'으로 저장합니다.

미션 수행하기

불러올 파일 : 이탈리아 국기.jpg, 춤.jpg, 가면.jpg, 베네치아.jpg　**완성된 파일** : 4차시 미션(완성).hwpx

 직사각형 도형에는 그림 넣기, 글상자에는 내용을 입력합니다.

이탈리아 베네치아 카니발

   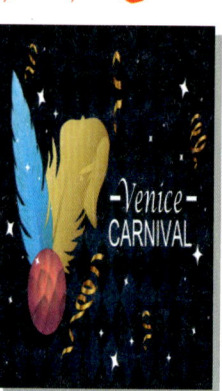

| 이탈리아 국기 | 춤 | 가면 | 베네치아 |

1 [새 문서]를 '가로'로 설정한 후, 제목을 입력합니다.
- 제목 내용 : '이탈리아 베네치아 카니발'
- 글꼴(궁서), 크기(48pt), '가운데 정렬'
- 글자 색 : '이탈리아(초록)', '베네치아(파랑)', '카니발(빨강)'

2 직사각형을 만들고 그림 넣습니다.
- 그림 : 이탈리아 국기, 춤2, 가면, 베네치아

3 가로 글상자를 만들고 내용을 입력합니다.
- 글꼴(한컴 훈민정음 세로쓰기), 크기(24pt), '가운데 정렬'
- ※ 직사각형, 가로 글상자의 크기, 그림자의 모양은 임의로 지정하여 문서를 꾸밉니다.

MEMO

논산 딸기 축제

📁 불러올 파일 : 딸기1.jpg, 딸기2.jpg, 사람들.jpg 📗 완성된 파일 : 논산 딸기 축제(완성).hwpx

사용 기능
- 편집 용지, 가로 글상자, 세로 글상자, 사진 편집, 사진 자르기

완성작품 미리보기

창의력 문제 ※ 인터넷 검색을 활용합니다.

Q. 딸기를 이용하여 만들 수 있는 요리는 무엇이 있을까요?

[예시] 딸기 빙수 : 여름의 디저트로 좋을 거 같아요.

 **쪽 테두리/배경 지정하기**

1. [한글 2022]를 실행한 다음 [새 문서]를 클릭하고 [쪽] 탭-[쪽 테두리/배경(🖼)]을 클릭합니다.

2. [쪽 테두리/배경] 대화상자가 나오면 [배경] 탭-[채우기]-[그러데이션]에서 '시작 색(하양), 끝 색(노랑 80% 밝게), 유형(가운데에서)'를 선택하고 <설정> 단추를 클릭합니다.

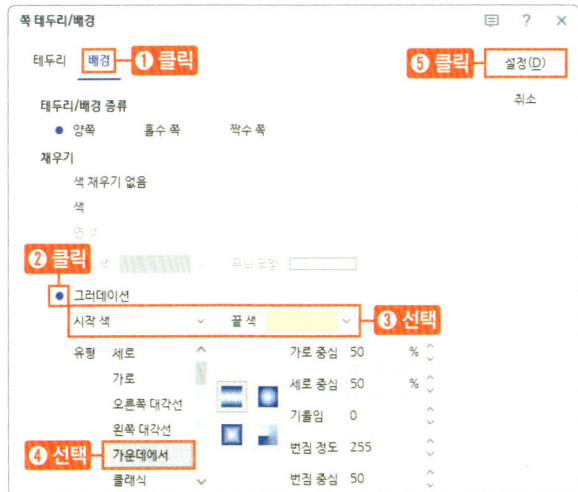

 **글맵시 입력하기**

1. [입력] 탭-'글맵시(가나다)'의 목록 단추를 클릭합니다. 이어서, '채우기-없음, 직사각형 모양(가나다)'을 선택합니다.

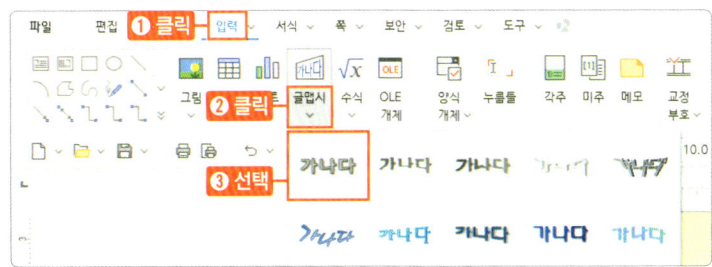

2. [글맵시 만들기] 대화상자가 나오면 내용에 '2024제26회' Enter 키를 누르고 '-논산딸기와 사랑에 빠지다-'를 입력한 후, <설정> 단추를 클릭합니다.

3 삽입된 글맵시는 [글맵시( )] 탭-'그림자 모양(그림자 없음)', [크기]를 '너비(150mm), 높이(40mm)'로 지정합니다.

03 세로 글상자 삽입하고 글꼴 서식 변경하기

1 [입력] 탭-'세로 글상자( )'를 선택한 후, 마우스 포인터가 ┼ 모양으로 변경되면 다음과 같이 드래그한 다음 '논산' Enter 키를 누르고 '딸기 축제'를 입력합니다.

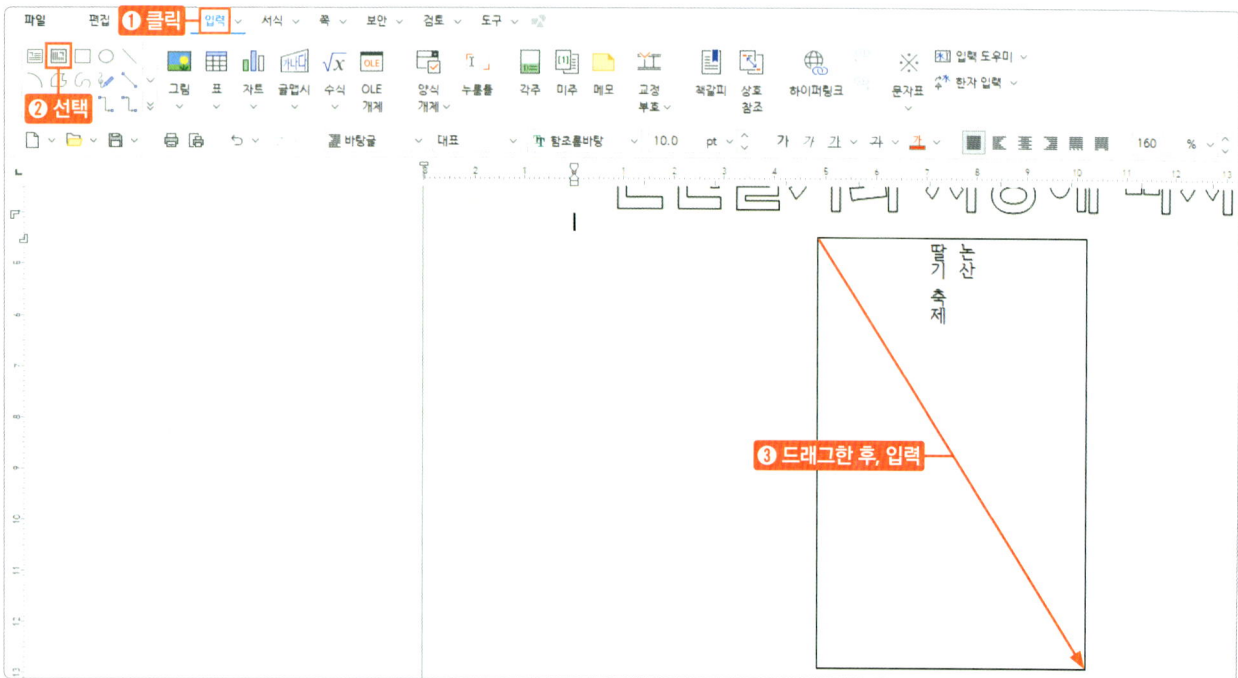

2 글상자의 테두리를 클릭한 후, [서식] 도구상자에서 '글꼴(경기천년제목V Bold), 크기(48pt)', '가운데 정렬'을 클릭합니다.

※ 글자 색 : '논산(주황)', '딸기(빨강)', '축제(초록)'

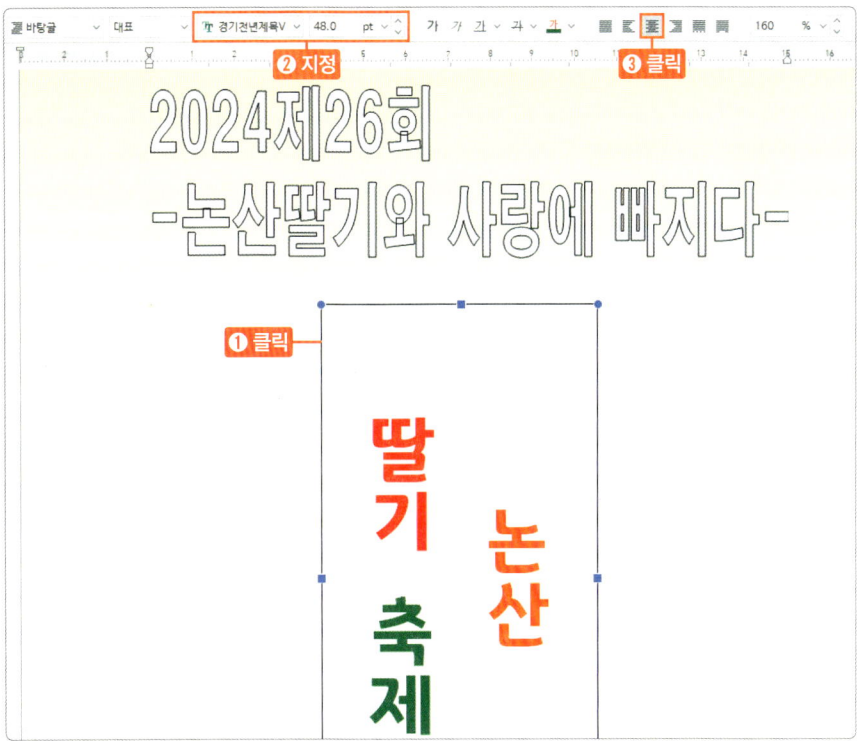

3 글상자의 테두리를 더블 클릭하여 [개체속성] 대화상자가 나오면 [선] 탭-'선'에서 '색(빨강), 종류(원형 점선), 굵기(1.00mm)', '사각형 모서리 곡률'에서 '반원'을 선택한 후, <설정> 단추를 클릭합니다.

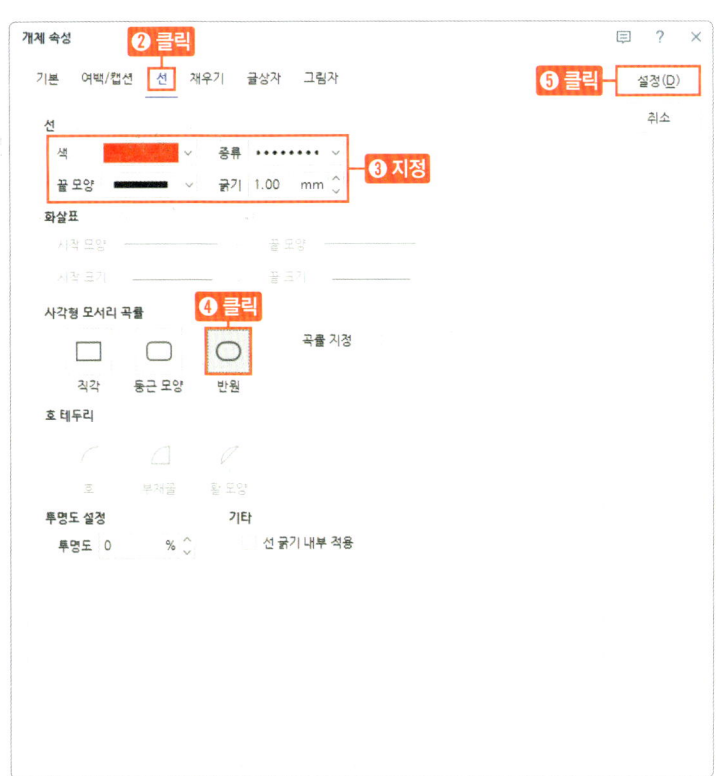

04 가로 글상자 삽입하고 글꼴 서식 변경하기

1 [입력] 탭-개체의 '가로 글상자(≣)'를 선택한 후, 마우스 포인터가 ┼ 모양으로 변경되면 문서 아래쪽으로 드래그한 다음 '2024. 3. 21(목) ~ 3. 24(일)' Enter 키를 누르고 '시민가족공원 및 논산 시민운동장'을 입력합니다.

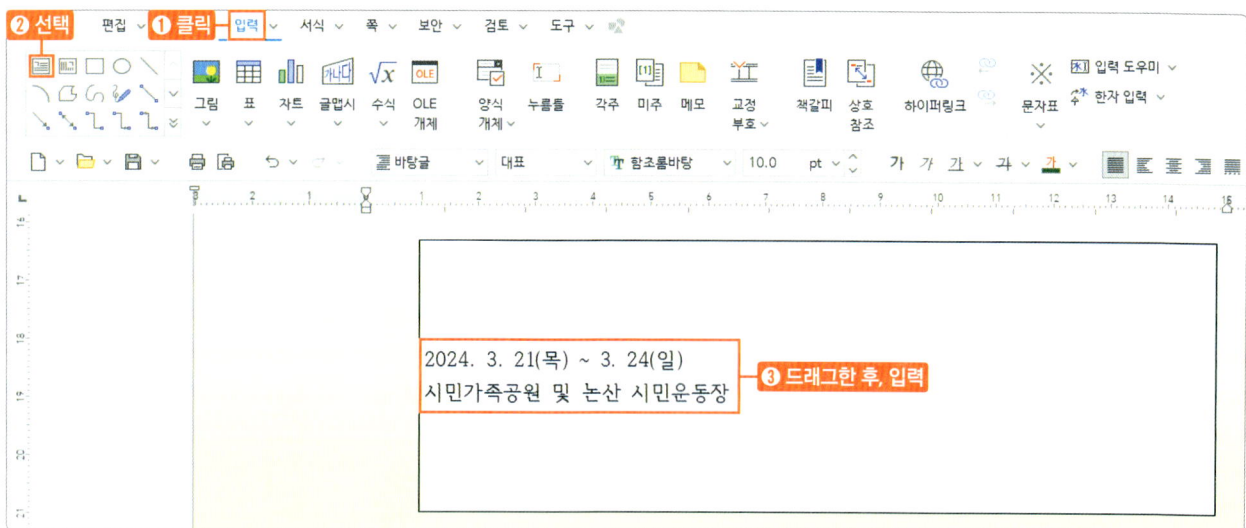

2 글상자의 테두리를 클릭하여 [서식] 도구상자에서 '글꼴(한컴 윤체B), 크기(24pt), 글자 색(하양)', '가운데 정렬'을 클릭합니다.

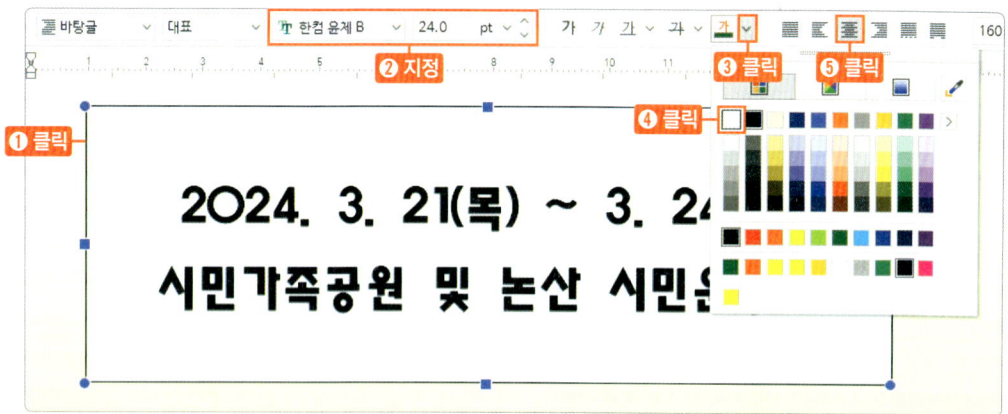

3 글상자의 테두리를 더블 클릭하여 '개체속성' 대화상자가 나오면 [선] 탭 – '선' 종류(없음), 사각형 모서리 곡률(둥근모양)을 선택한 후, [채우기] 탭–'색'에서 면색(빨강)을 선택한 후, <설정> 단추를 클릭합니다.

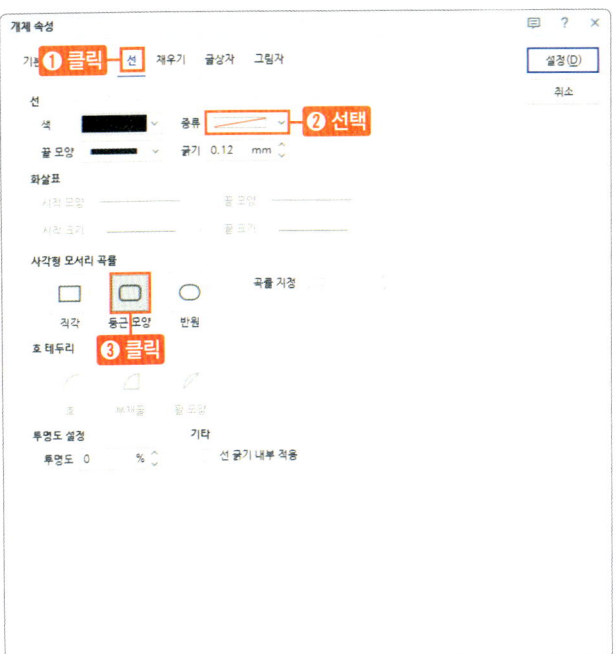
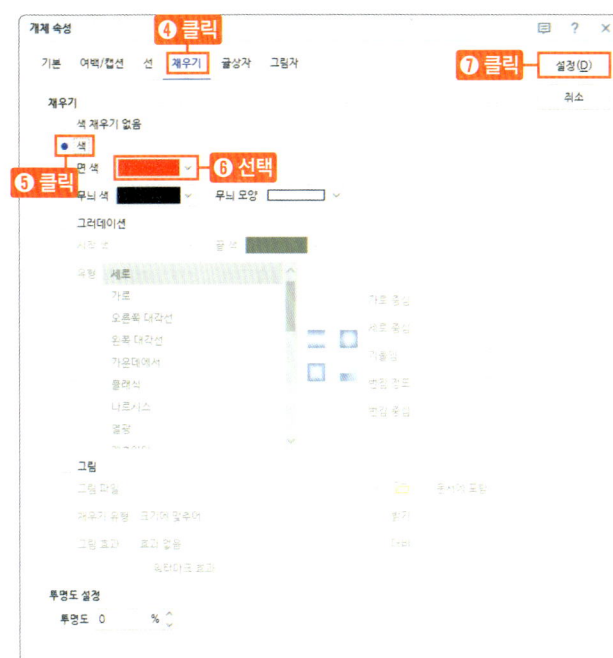

05 그림 배경 투명하게 하기

1 [입력] 탭–[그림(🖼)]을 클릭하고 [그림 넣기] 대화상자가 나오면 [불러올 파일]–[CHAPTER 05]–'딸기 1.jpg' 파일을 선택한 다음 '문서에 포함', '마우스로 크기 지정'을 체크한 후, <열기> 단추를 클릭합니다.

※ 다른 그림도 동일한 방법으로 삽입합니다.

TiP [편집] 탭에서 그림 삽입도 가능합니다.

2 그림의 크기를 조절한 후, [그림(🌷)] 탭-사진 편집(🖼)을 클릭 후, [사진 편집기] 대화상자가 나오면 [투명 효과]-'보정 후' 화면에서 하얀 배경 부분을 클릭한 후, <적용> 단추를 클릭합니다.

※ '딸기2.jpg' 그림도 같은 방법으로 입력합니다.

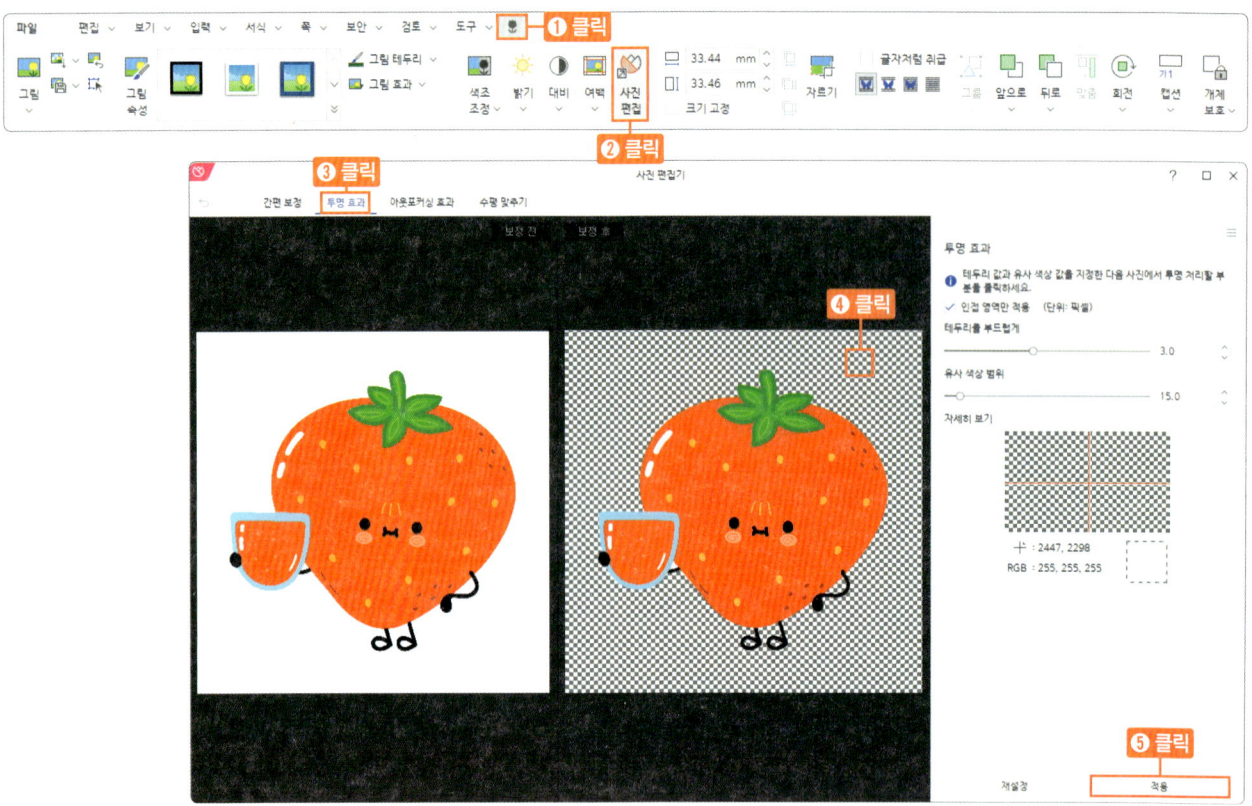

3 그림을 클릭한 후, [그림] 탭-'글 앞으로(🖼)'를 선택하여 다음과 같이 그림의 위치를 변경합니다.

4 효과가 적용된 그림을 Ctrl 키를 누르면서 드래그하여 복사하고 그림의 크기를 조절하여 크거나 작게 만듭니다.

5 [그림( )] 탭-[회전( )]-'개체 회전', '왼쪽으로 90도 회전', '오른쪽으로 90도 회전', '좌우 대칭', '상하 대칭' 중 자유롭게 회전하여 변경합니다.

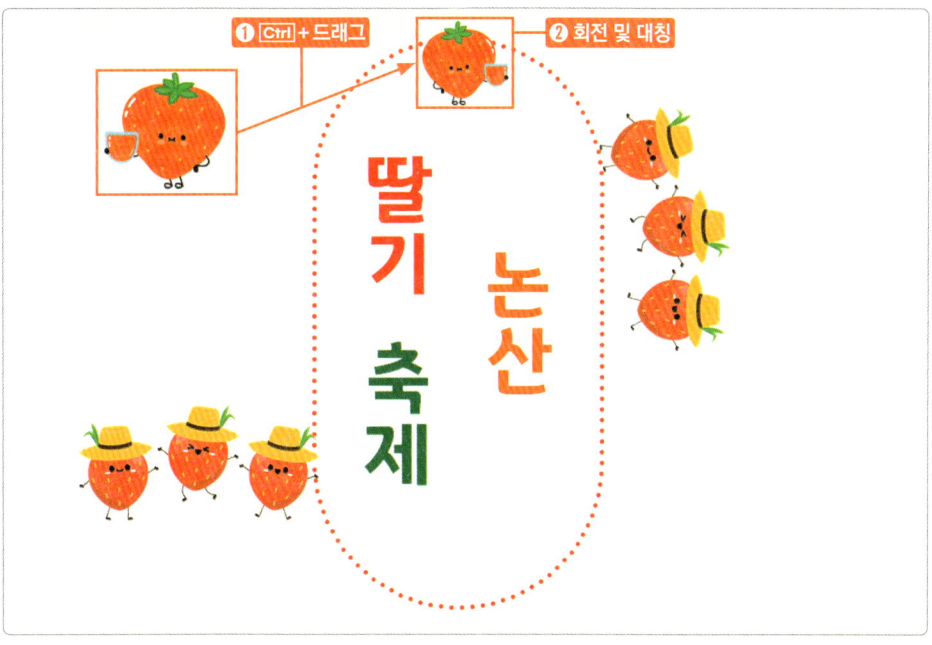

06 사진 자르기를 하여 필요한 그림만 보이기

1 [입력] 탭-[그림( )]을 클릭한 다음 [그림 넣기] 대화상자가 나오면 [불러올 파일]-[CHAPTER 05]-'사람들.jpg' 파일을 선택하고 '문서에 포함', '마우스로 크기 지정'을 클릭한 후, <열기> 단추를 클릭합니다.

2 사진 편집으로 그림의 하얀 배경을 지운 후, [그림( )] 탭-[자르기( )]를 클릭한 다음 그림 테두리 조절점을 마우스로 드래그하여 그림을 자릅니다. 이어서, [자르기]를 한 번 더 클릭합니다.

3. 삽입된 그림의 크기를 조절하여 크거나 작게 만들어 문서를 꾸며줍니다.

4. 모든 작업이 끝나면 [파일] 탭-[저장하기]를 클릭하고 본인의 폴더를 선택합니다. 이어서, 파일 이름을 '논산 딸기 축제(홍길동)'으로 저장합니다.

미션 수행하기

- **불러올 파일** : 나무.jpg, 물.jpg
- **완성된 파일** : 5차시 미션(완성).hwpx

MISSION 쪽 배경 지정하고 글맵시, 글상자, 그림으로 문서 만듭니다.

1. **쪽 배경** : 그러데이션 '시작색(하양), 끝 색(초록 40% 밝게), 유형(가로)'
2. **글맵시** : '채우기 없음, 직사각형 모양(가나다)'
   - [글맵시( )] 탭-[문단 정렬]-'가운데 정렬'
   - "제20회 진안고원 운장산 고로쇠축제"
3. **세로 글상자( )** : '고로쇠축제'
   - 글꼴(경기천년제목V Bold), 크기(48pt), 글자 색(빨강), '가운데 정렬', 선 색(빨강), 종류(원형 점선), 반원, 면색(흰색)
4. **가로 글상자( )** : '2024.3.9.(토) ~3.10(일) 진안군 주천면 대불리 운일암반일암 삼거광장'
   - 글꼴(한컴 윤체B), 크기(24pt), 글자 색(하양), '가운데 정렬', 선 종류(없음), 둥근 모서리, 면색(초록)
5. **그림** : 나무, 물
   - 나무는 '자르기'와 '사진 편집', 물은 '사진 편집' 기능으로 그림과 같이 만듭니다.

인도 홀리 축제

불러올 파일 : 홀리.jpg 완성된 파일 : 인도 홀리 축제(완성).hwpx

사용 기능 • 글자 모양, 그림 삽입, 그림 스타일, 그림에서 글자 가져오기, 쪽 테두리 배경

완성작품 미리보기

인도 홀리 축제

매년 2월~3월경, 힌두력 팔구나 달 보름에 인도 전역에서 열리는 봄맞이 축제

홀리날에는 사람들이 거리로 나와 다양한 빛깔의 색 가루나 색 물감을 서로의 얼굴이나 몸에 문지르거나 뿌린다.

Paint your life with the color of Prosperity, Happiness and Love

Happy Holl

※ 인터넷 검색을 활용합니다.

창의력 문제

Q 인도의 대표적인 랜드마크이며 1983년 유네스코 지정 세계문화유산으로 지정된 건축물의 이름과 누구를 추모하여 건립된 것인지 알아보아요.

☐ ☐ ☐ ☐ :

046 • 작품만들기 **한글 2022**

01 내용 입력하기

1. [한글 2022]를 실행한 다음 [새 문서]를 클릭합니다.

2. 다음과 같이 내용을 입력한 다음 [서식] 도구상자에서 글꼴 서식을 지정합니다.

    ※ **인도 홀리 축제** : 글꼴(돋움), 크기(24pt), '가운데 정렬'
       내용 : 글꼴(돋움), 크기(15pt)

> 인도 홀리 축제
>
> 매년 2월~3월경, 힌두력 팔구나 달 보름에 인도 전역에서 열리는 봄맞이 축제
>
> 홀리날에는 사람들이 거리로 나와 다양한 빛깔의 색 가루나 색 물감을 서로의 얼굴이나 몸에 문지르거나 뿌린다.

3. 줄바꿈 하여 커서를 글 아래로 위치합니다.

02 그림 입력하고 그림 스타일 지정하기

1. [입력] 탭-[그림( )]을 클릭한 다음 [그림 넣기] 대화상자가 나오면 [불러올 파일]-[CHAPTER 06]-'홀리.jpg' 파일을 선택하고 '문서에 포함',' 마우스로 크기 지정'을 클릭한 후, <열기> 단추를 클릭합니다.

2 글 아래쪽으로 다음과 같이 그림을 삽입합니다.

3 [그림( )] 탭-'그림 스타일 자세히( )'-'흰색 이중 그림자'를 선택합니다.

03 그림에서 글자 가져오기

1 [입력] 탭-[그림]-'그림에서 글자 가져오기( )'를 선택합니다.

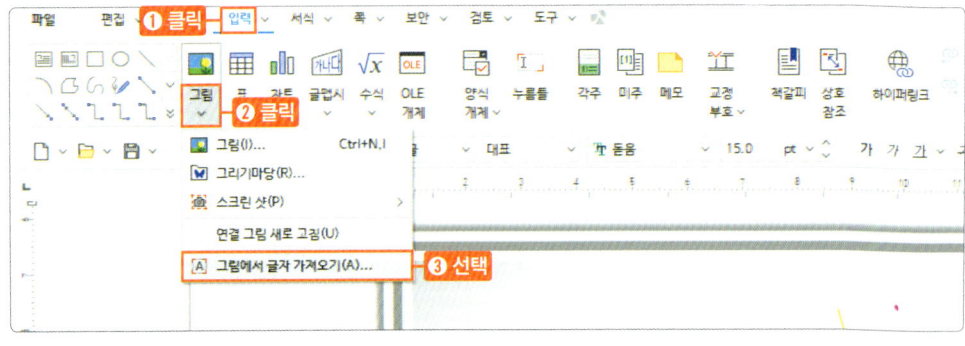

2 [그림에서 글자 가져오기] 대화상자가 나오면 추가 단추(+)를 클릭하고 [불러오기] 대화상자가 나오면 [불러올 파일]-[CHAPTER 06]-'홀리.jpg' 파일을 선택하고 <열기> 단추를 클릭한 후, <확인> 단추를 클릭합니다.

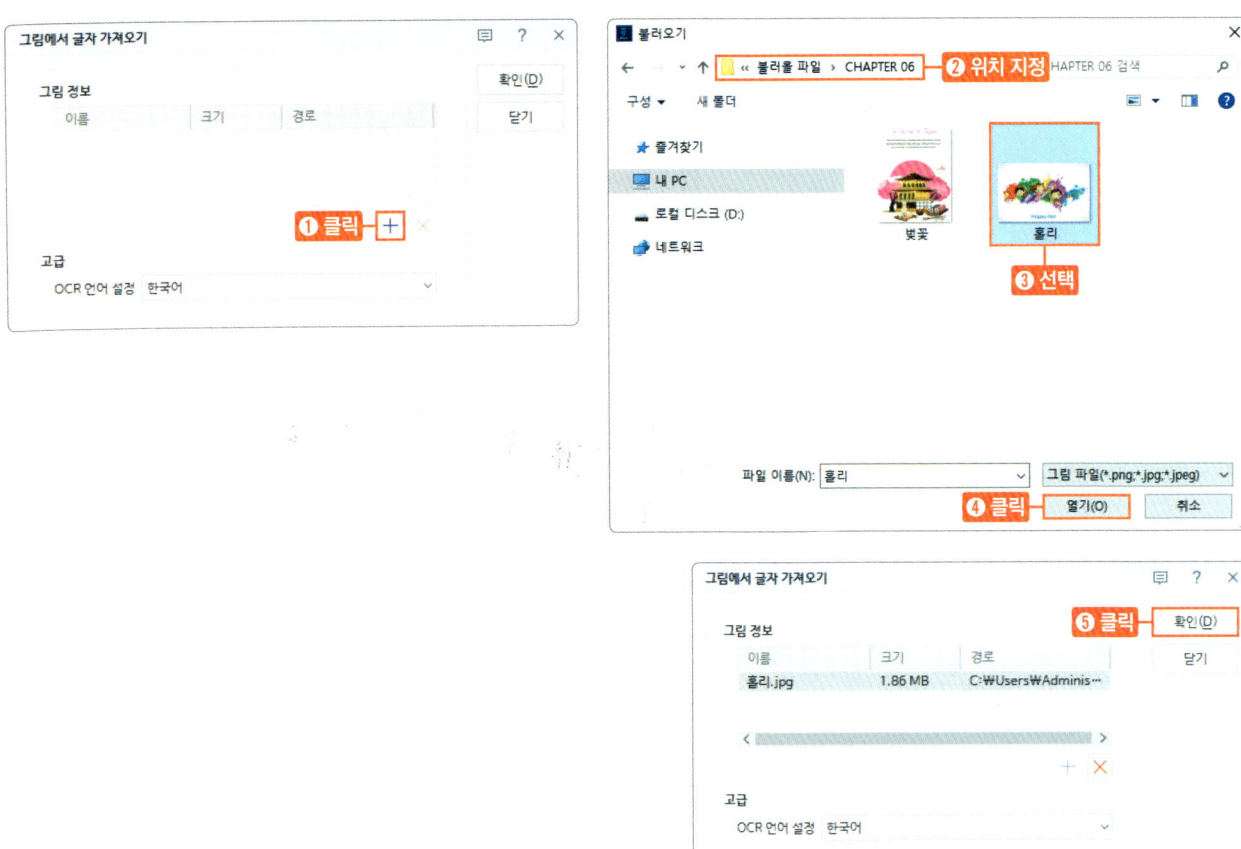

3 글자를 가져오는 동안 기다린 후, 글자 가져오기가 완료되면 <확인> 단추를 클릭합니다.

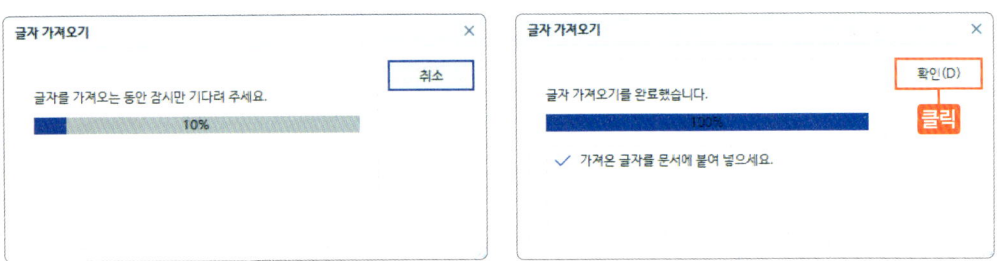

4 그림 아래로 커서를 이동한 후, 마우스 오른쪽 단추를 눌러 [붙이기]를 클릭합니다.

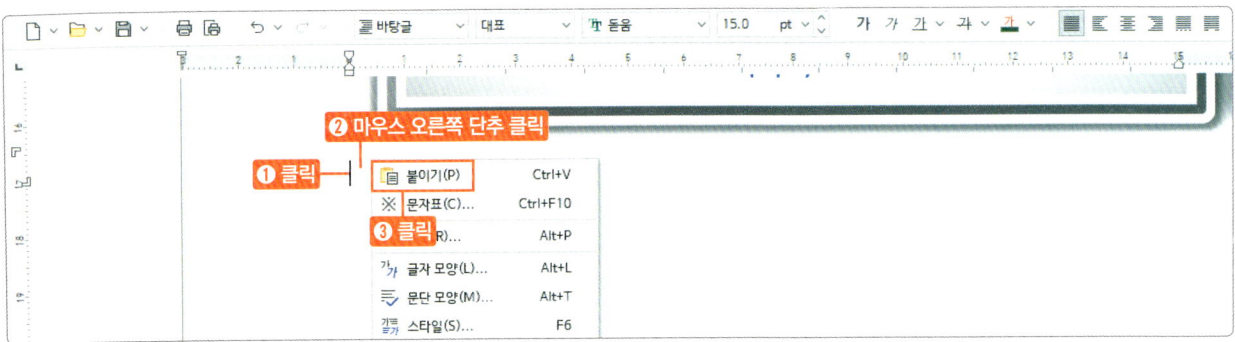

CHAPTER 06 인도 홀리 축제 • 049

5️⃣ 글자를 블록 지정 하여 [서식] 도구상자에서 글꼴(돋움), 크기(15pt)를 클릭합니다.

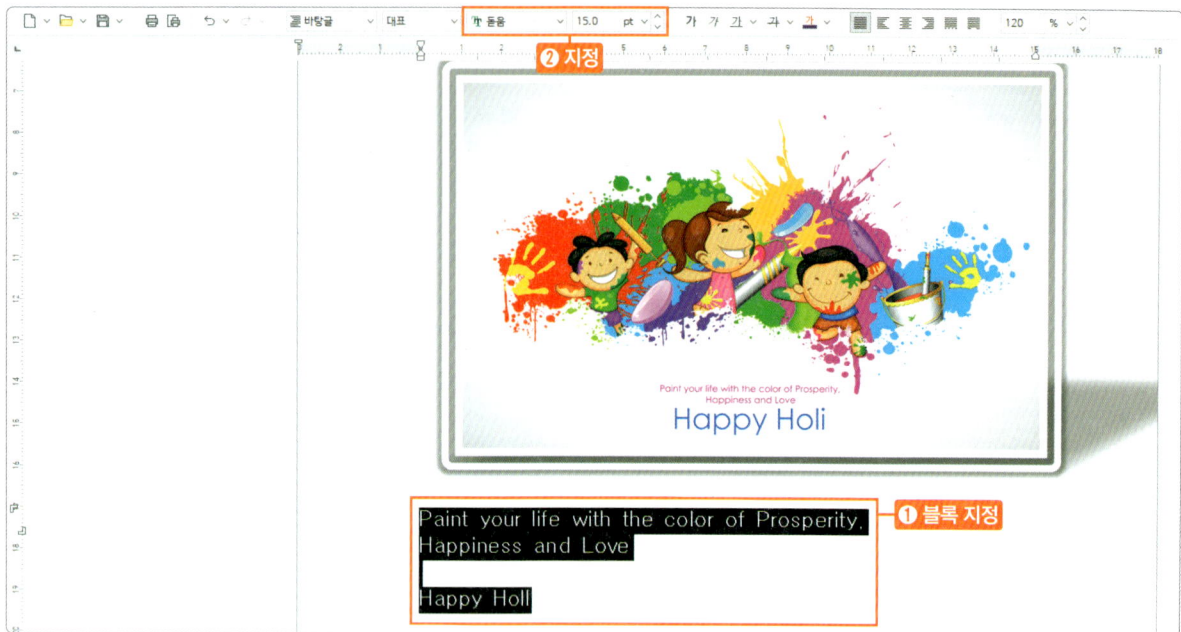

04 쪽 테두리/배경 지정하기

1️⃣ [쪽] 탭-[쪽 테두리/배경()]을 클릭합니다.

2️⃣ [쪽 테두리/배경] 대화상자가 나오면 [배경] 탭-'채우기'에서 '그러데이션-시작색(하양), 끝 색(주황 60% 밝게)', 유형(오른쪽 대각선)을 선택한 후, <설정> 단추를 클릭합니다.

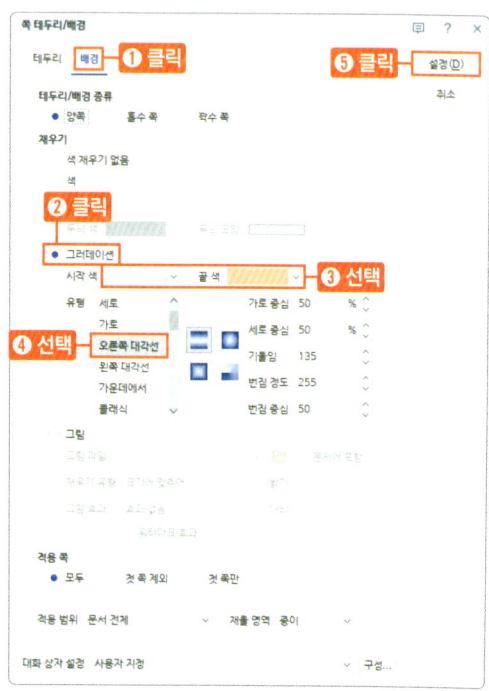

3️⃣ 모든 작업이 끝나면 [파일] 탭-[저장하기]를 클릭하고 본인의 폴더를 선택합니다. 이어서, 파일 이름을 '인도 홀리 축제(홍길동)'으로 저장합니다.

📁 불러올 파일 : 벚꽃.jpg   📗 완성된 파일 : 6차시 미션(완성).hwpx

 글꼴 서식 지정하고, 그림 삽입과 그림에서 글자 가져옵니다.

1️⃣ **제목** : '일본 벚꽃 축제'
  - 글꼴(한컴 윤고딕250), 크기(32pt)

2️⃣ **그림** : '벚꽃'
  - 그림 스타일은 '회색 아래쪽 그림자"로 지정합니다.
  ※ 그림 스타일은 자유롭게 지정합니다.

3️⃣ **그림에서 글자 가져오기**
  - [불러올 파일]-[CHAPTER 06]-'벚꽃'

4️⃣ **내용**
  - 글꼴(한컴 윤고딕250), 크기(13pt)

함평 나비 대축제

 불러올 파일 : 나비1~3.jpg  완성된 파일 : 함평 나비 대축제(완성).hwpx

사용 기능 ● 쪽 테두리 배경, 인터넷 검색 및 복사, 도형 삽입, 도형 안에 글자 넣기

완성작품 미리보기

창의력 문제 ※ 인터넷 검색을 활용합니다.

Q 2005년 천연기념물 제458호로 지정된 나비의 이름과 서식지는 어디일까요?

☐ ☐ ☐ 나비 : 대한민국 내에서는 오직 ☐ ☐ ☐ 에서만 살아요.

01 쪽 테두리/배경에서 테두리를 지정하기

1 [한글 2022]를 실행한 다음 [새 문서]를 클릭하고 [보기] 탭-'쪽 맞춤(□)'을 클릭합니다.

> **TiP** 상태표시줄 오른쪽 아래의 '확대/축소'에서도 '쪽 맞춤'을 지정할 수도 있어요.

2 [쪽] 탭-[쪽 테두리/배경(□)]을 클릭하여 대화상자가 나오면 [테두리] 탭-'테두리'에서 '종류(원형 점선), 굵기(0.6mm), 색(하늘색), 모두'를 클릭한 후, <설정> 단추를 클릭합니다.

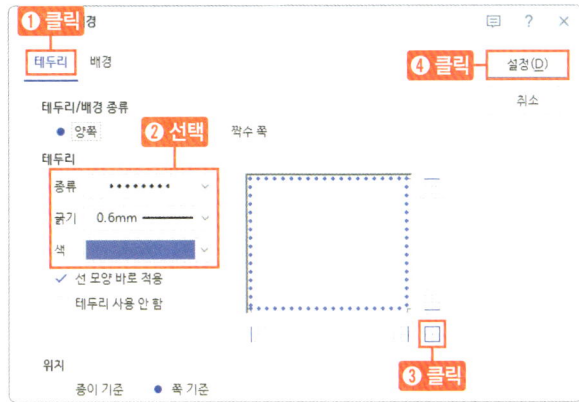

02 인터넷 정보를 검색하여 문서에 넣기

1 인터넷 브라우저를 실행하고 '함평나비대축제'를 검색하여 공식 홈페이지로 이동합니다. 이어서, '함평축제관광재단-축제정보-나비축제-축제소개' 글을 확인합니다.

2 축제소개 글의 내용을 드래그한 다음 마우스 오른쪽 단추를 눌러 [복사]를 클릭합니다.

3 한글 프로그램으로 돌아와 첫 줄을 클릭하여 커서를 위치한 후, 마우스 오른쪽 단추를 눌러 [붙이기]-[HTML 문서 붙이기] 대화상자가 나오면, '원본 형식 유지'를 선택하고 <확인> 단추를 클릭합니다.

 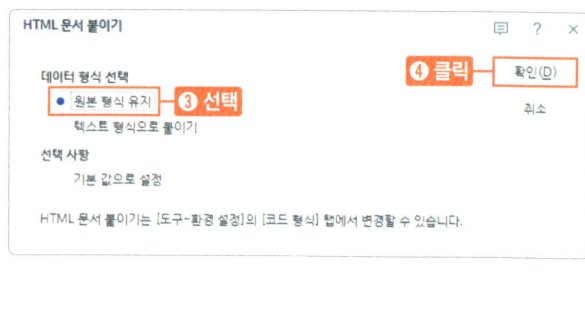

4 글의 내용을 Ctrl + A 키를 누른 다음 [서식] 도구상자에서 글꼴(휴먼굵은팸체), 크기(19pt) 을 클릭합니다.

※ 글꼴 크기의 '19pt'는 직접 숫자를 입력하여야 합니다.

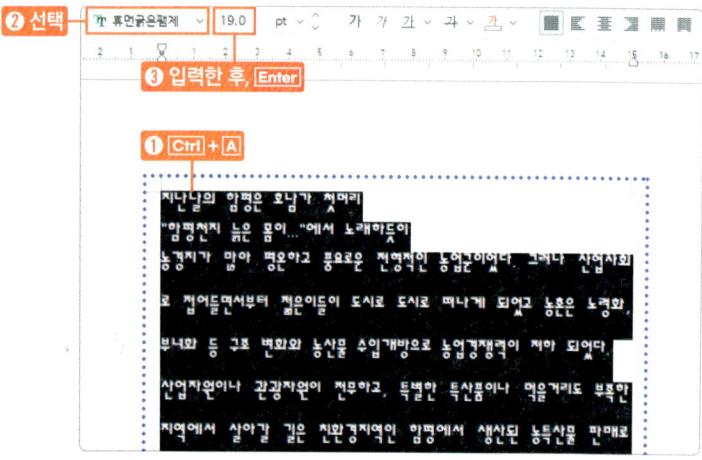

5 문단 첫 글자에 커서를 위치한 후, Enter 키를 5번 눌러 줄 바꿈을 합니다. 이어서, '지난날의~ 노래하듯이' 글자 뒤에 커서를 위치한 후, Enter 키를 2번 눌러 줄 바꿈을 합니다.

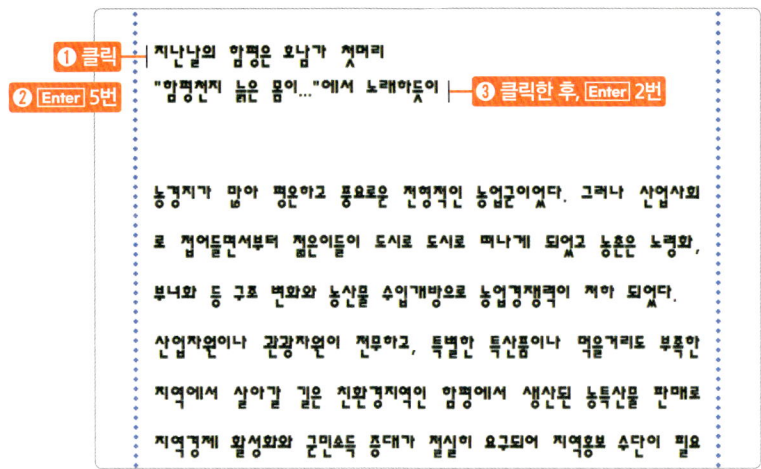

03 도형안에 글자 넣기

1 [편집] 탭-[도형]-'타원(○)'을 선택한 후, 마우스 포인터가 ┼ 모양으로 변경되면 그림과 같이 드래그하여 그립니다. 이어서, 마우스 오른쪽 단추를 눌러 [도형 안에 글자 넣기]를 클릭합니다.

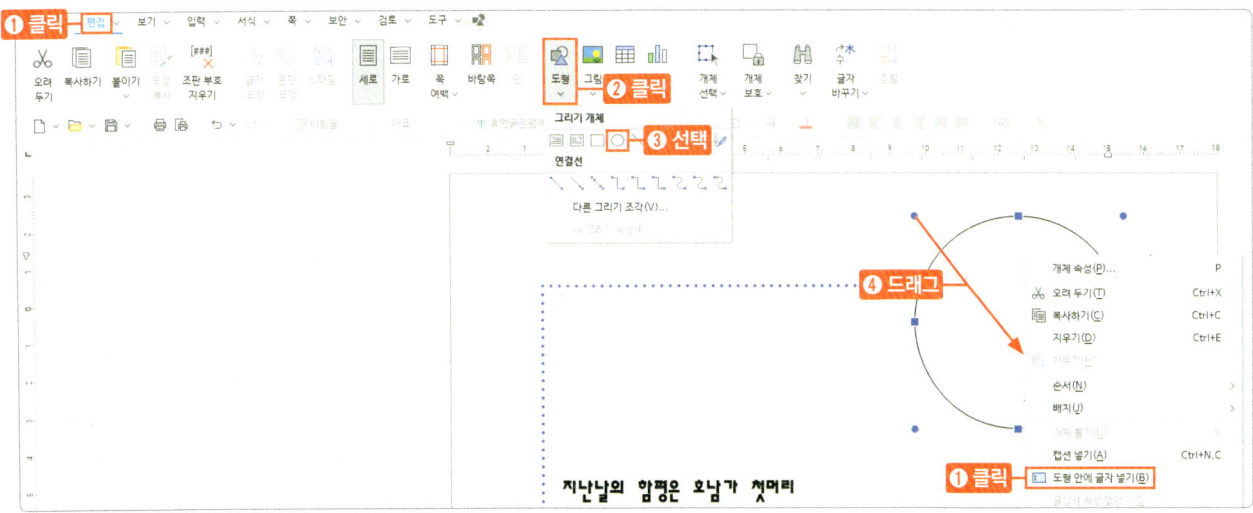

2 도형 안에 '함평 나비 대축제'를 입력하고 도형 테두리를 클릭한 후, [서식] 도구상자에서 '글꼴(문체부 훈민정음체)', '크기(32pt)', '가운데 정렬'을 클릭합니다.

3 도형 테두리를 더블 클릭하여 [개체 속성] 대화상자가 나오면 [선] 탭-'선'에서 '색(하늘색), 종류(파선), 굵기 (1.00mm)'로 선택합니다.

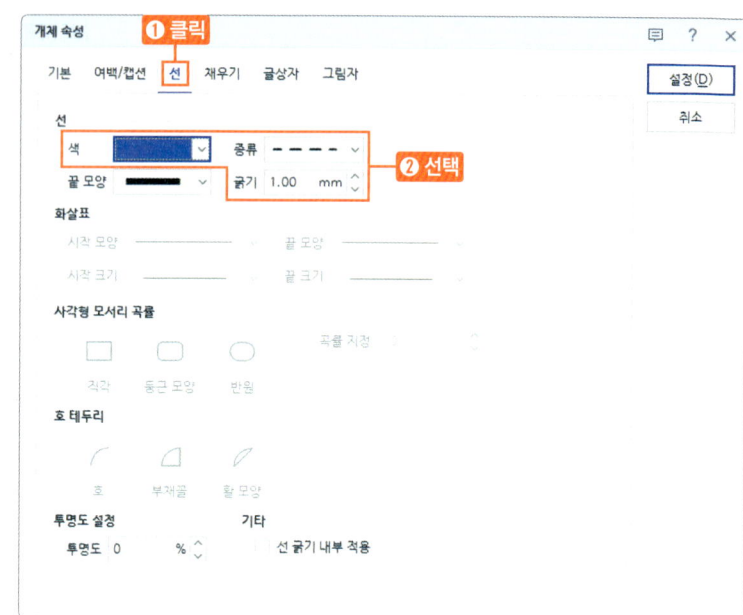

4 이어서, [채우기] 탭-'채우기'에서 '그러데이션-시작 색(하양), 끝 색(하늘색 80% 밝게), 유형(세로)'를 선택한 후, <설정> 단추를 클릭합니다.

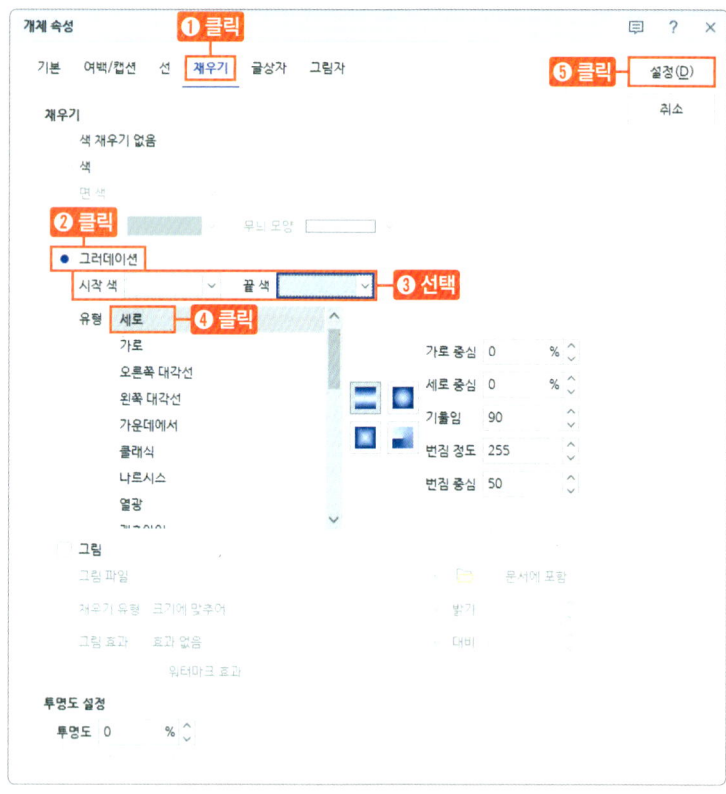

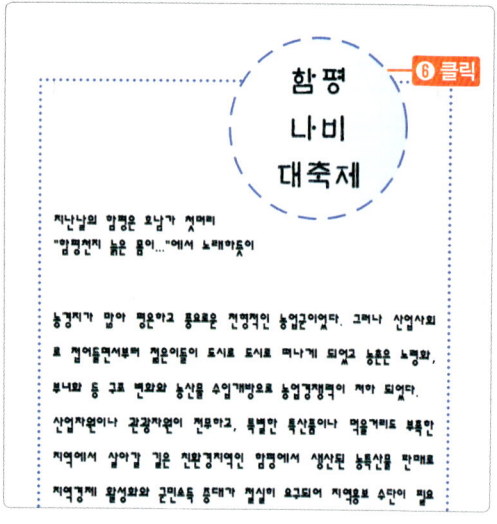

04 그림을 삽입하여 문서 꾸미기

1 [입력] 탭-[그림( )]을 선택한 다음 [그림 넣기] 대화상자가 나오면 [불러올 파일]-[CHAPTER 07]-'나비1.jpg' 파일을 선택하고 '문서에 포함', '마우스로 크기 지정'을 체크한 후, <열기> 단추를 클릭합니다. 이어서, 적당한 위치에 드래그하여 입력합니다.

2 그림의 사진 편집의 투명 효과, 그림 크기, 위치를 조절하여 문서를 꾸며줍니다.

※ [그림( )] 탭-[사진 편집]-'투명 효과'를 지정합니다.

3 그림이 글자로 인해 보이지 않는다면 그림을 클릭한 다음 [그림( )] 탭-[글 앞으로( )]를 선택합니다.

※ 나비2, 나비3 그림 또한 동일한 방법으로 삽입한 다음 효과를 변경합니다.

4 모든 작업이 끝나면 [파일] 탭-[저장하기]를 클릭하고 본인의 폴더를 선택합니다. 이어서, 파일 이름을 '함평 나비 대축제(홍길동)'으로 저장합니다.

미션 수행하기

📁 **불러올 파일** : 거북선.jpg, 이순신.jpg   📗 **완성된 파일** : 7차시 미션(완성).hwpx

MISSION 쪽 배경 지정하고 글맵시, 글상자, 그림으로 문서 만듭니다.

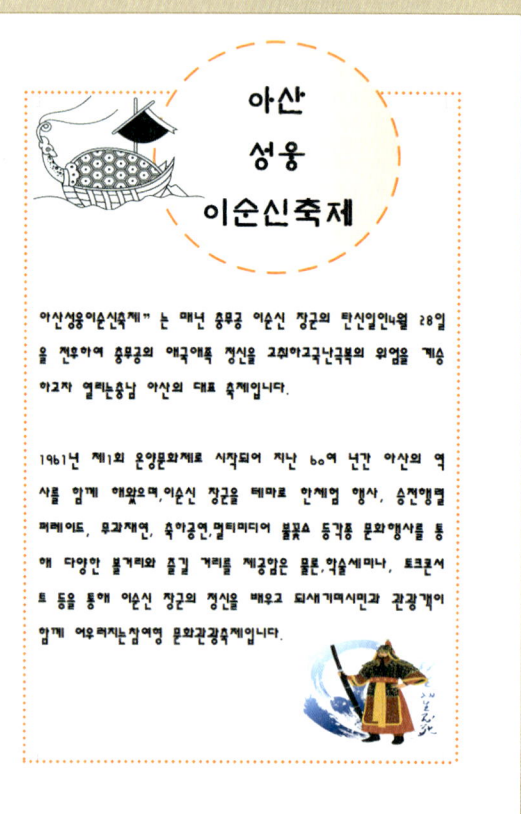

1 쪽 테두리 지정합니다.
- '테두리 종류(원형 점선), 굵기(0.6mm), 색(주황색), 모두'

2 인터넷에서 정보를 검색하고 내용 복사하여 붙입니다.
- 인터넷에서 '아산 성웅 이순신축제'를 검색하여 공식 홈페이지로 이동합니다.
- '축제소개' 글을 복사하여 한글 문서에 붙이기를 합니다.

3 '타원' 도형에 글꼴 서식을 지정합니다.
- '아산 성웅 이순신축제'를 입력합니다.
- 글꼴(문체부 훈민정음체), 크기(32pt), '가운데 정렬'
- 타원의 개체 속성 지정합니다.
  (선 색(주황색), 종류(파선), 굵기(1.00mm) / 채우기 - 그러데이션 시작 색(하양), 끝 색(주황색 80% 밝게), 유형(세로))

4 그림은 [CHAPTER 07] – '거북선.jpg, 이순신.jpg'이며, 거북선은 [사진 편집] 투명효과를 지정합니다.

MEMO

PROJECT 01
스위스 취리히 젝세로이텐

📁 불러올 파일 : 사람1.jpg, 사람2.jpg   📗 완성된 파일 : 스위스 취리히 젝세로이텐(완성).hwpx

사용 기능 • 쪽 배경, 글맵시, 사진 편집, 가로 글상자, 글자 모양

완성작품 미리보기

창의력 문제

Q 1~7차시 학습 내용 중 기억에 남는 기능을 생각해 보고 방법도 적어보아요.

[예시] 그림 자르기가 기억이 남아요. 그림을 선택하고 [그림] 탭에서 자르기하면 돼요.

 **작업지시서**

1 [쪽 테두리/배경]을 지정합니다.
- '채우기'-'그러데이션' 시작 색(하양), 끝 색(초록 60% 밝게), 유형(가운데에서)

2 글맵시로 제목을 입력합니다.
- '채우기- 없음, 직사각형 모양', '스위스 추리히 젝세로이텐' 입력 후, 크기 조절

3 사진 편집으로 배경을 투명하게 합니다.
- [불러올 파일]-[CHAPTER 08]-'사람1', '사람2' 입력한 후, [사진 편집]에서 하얀 배경을 투명 효과

4 가로 글상자 내용을 입력합니다.
- 가로 글상자 안에 그림과 같이 내용을 입력한 다음 글꼴(한컴 소망B), 크기(24pt), 선(없음), 둥근 모서리, 면색(흰색)

음성 품바 축제

불러올 파일 : 할아버지.jpg **완성된 파일** : 음성 품바 축제(완성).hwpx

 ● 쪽 여백, 그리기마당, 그림 글머리표, 그림 삽입

완성작품 미리보기

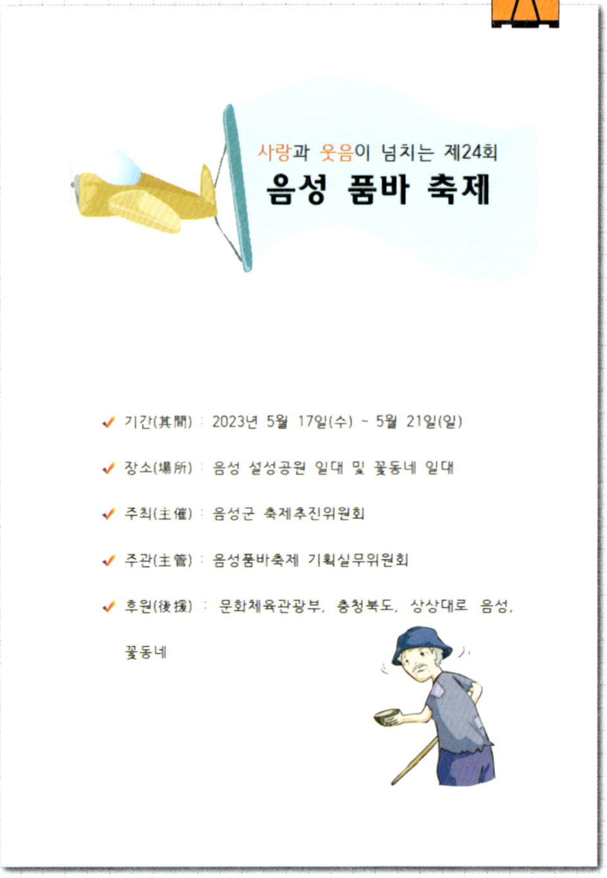

사랑과 웃음이 넘치는 제24회
음성 품바 축제

✓ 기간(其間) : 2023년 5월 17일(수) ~ 5월 21일(일)
✓ 장소(場所) : 음성 설성공원 일대 및 꽃동네 일대
✓ 주최(主催) : 음성군 축제추진위원회
✓ 주관(主管) : 음성품바축제 기획실무위원회
✓ 후원(後援) : 문화체육관광부, 충청북도, 상상대로 음성, 꽃동네

창의력 문제

※ 인터넷 검색을 활용합니다.

Q. 품바, 각설이는 무슨 뜻일까요?

품　바 :
각설이 :

01 그리기마당에 제목 상자 넣기

1 [한글 2022]를 실행한 다음 [새 문서]를 클릭하고 [쪽] 탭-[쪽 여백( )]-'좁게1(머리말/꼬리말 여백포함)'을 선택합니다.

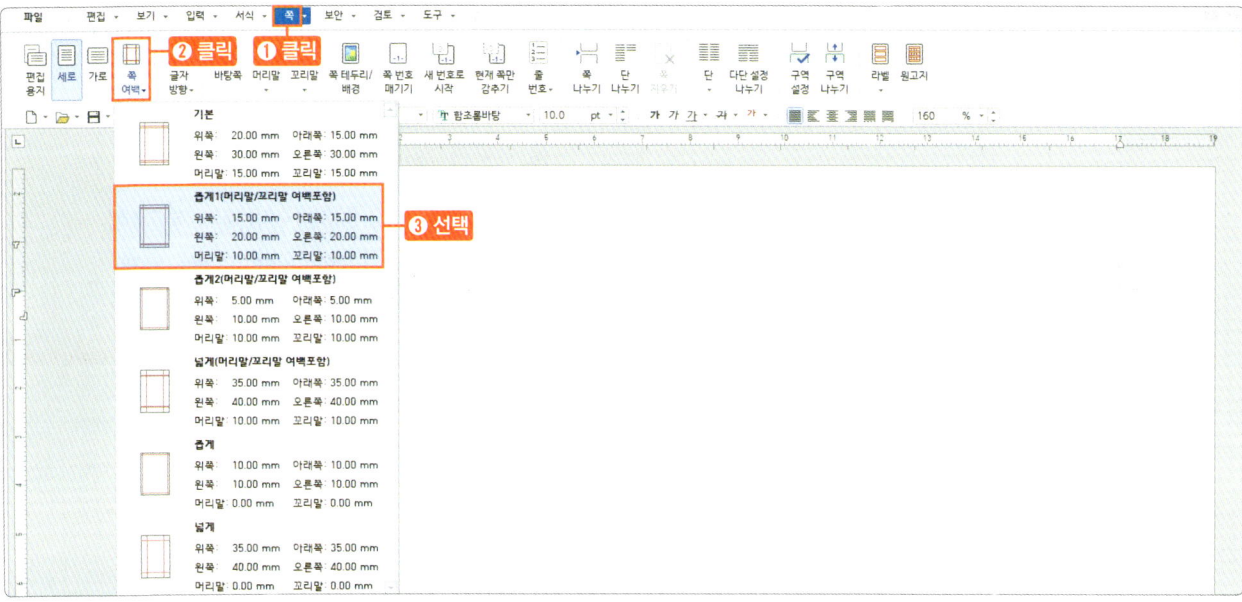

2 [입력] 탭-[그림]-[그리기 마당( )]을 선택하고 [그리기마당] 대화상자가 나오면 [그리기 조각] 탭-'선택할 꾸러미'에서 '설명상자(제목상자)'-'제목상자13'을 선택합니다. 이어서, <넣기> 단추를 클릭한 다음 문서 위쪽으로 드래그합니다.

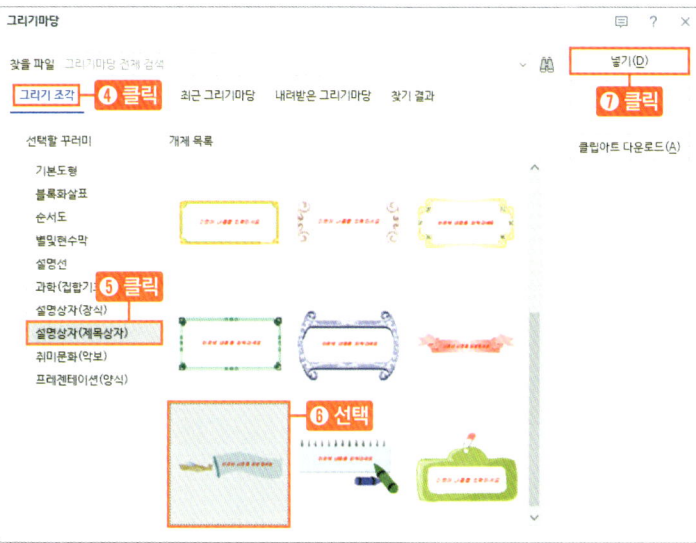

3 제목상자의 '이곳에 내용을 입력하세요'을 클릭하여 '사랑과 웃음이 넘치는 제24회' Enter 키를 누른 다음 '음성 품바 축제'를 입력합니다. 이어서, [서식] 도구상자에서 글꼴의 서식을 지정합니다.

※ '사랑과 웃음이 넘치는 제24회'는 글꼴(함초롬돋움), 크기(18pt)
'음성 품바 축제'는 글꼴(한컴 소망 B), 크기(32pt)
'사랑', '웃음'은 글자 색(빨강)

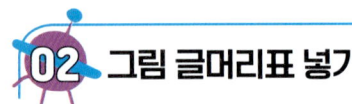 그림 글머리표 넣기

1 [입력] 탭-[개체]-'가로 글상자(▦)'를 클릭한 후, 마우스 포인터가 ✚ 모양으로 변경되면 그림과 같이 드래그합니다.

[글상자 내용]
- 기간(其間) : 2023년 5월 17일(수) ~ 5월 21일(일)
- 장소(場所) : 음성 설성공원 일대 및 꽃동네 일대
- 주최(主催) : 음성군 축제추진위원회
- 주관(主管) : 음성품바축제 기획실무위원회
- 후원(後援) : 문화체육관광부, 충청북도, 상상대로 음성, 꽃동네

※ 한자 입력은 한글을 입력한 후, 한자 키를 누릅니다. 입력형식은 '한글(漢字)'을 선택합니다.

```
기간(其間) : 2023년 5월 17일(수) ~ 5월 21일(일)
장소(場所) : 음성 설성공원 일대 및 꽃동네 일대
주최(主催) : 음성군 축제추진위원회
주관(主管) : 음성품바축제 기획실무위원회
후원(後援) : 문화체육관광부, 충청북도, 상상대로 음성, 꽃동네
```

2 글상자의 내용을 Ctrl + A 키를 누른 후, [서식] 도구상자에서 '글꼴(함초롬돋움), 크기(15pt)', '줄간격 300%'를 선택합니다.

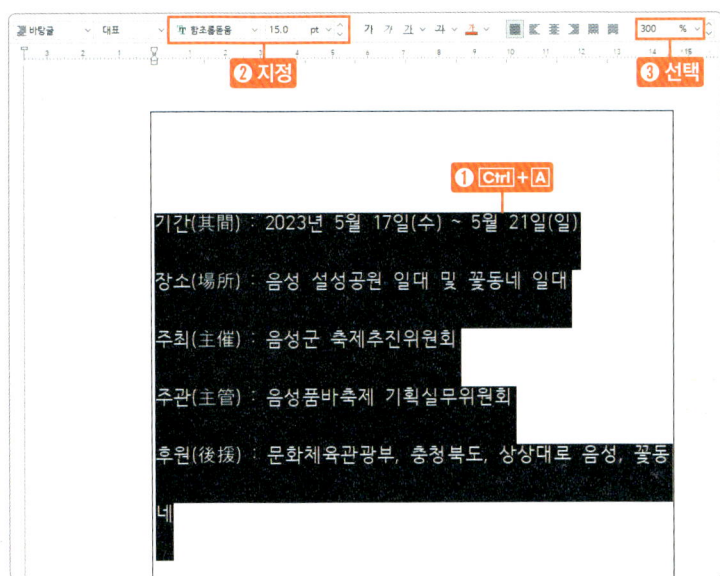

3 [서식] 탭-[그림 글머리표()]의 목록 단추를 클릭한 다음 '' 모양을 선택합니다.

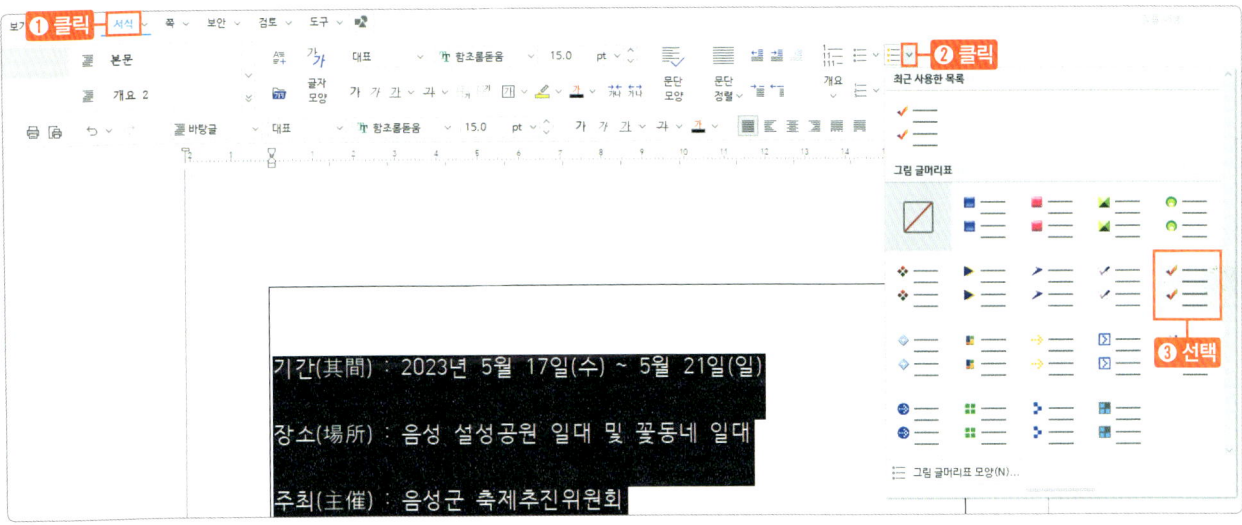

4 글 상자의 테두리를 더블 클릭하여 [개체 속성] 대화상자가 나오면 [선] 탭-'선'에서 '종류(없음)'을 선택한 후, <설정> 단추를 클릭합니다.

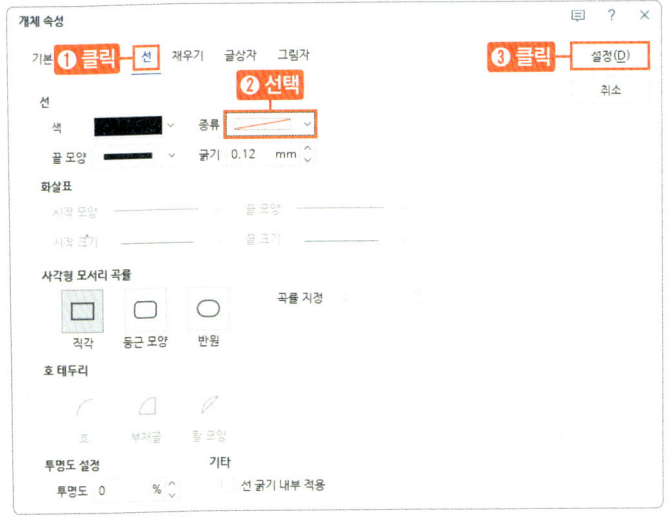
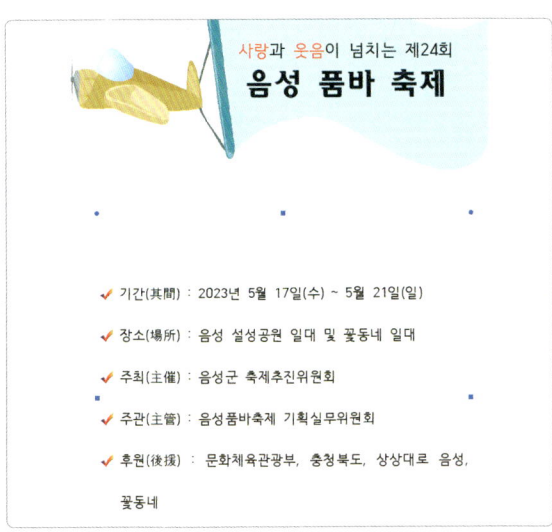

CHAPTER 09 음성 품바 축제

03 그림을 삽입하여 문서 꾸미기

1. 글상자 안에 그림을 넣기 위해 마지막 글자 뒤에 클릭하여 커서의 위치를 지정합니다.

2. [입력] 탭-[그림( )]을 클릭합니다. [그림 넣기] 대화상자가 나오면 [불러올 파일]-[CHAPTER 09]-'할아버지.jpg' 파일을 선택하고 <열기> 단추를 클릭합니다.

3. 그림의 크기와 위치를 조절합니다.

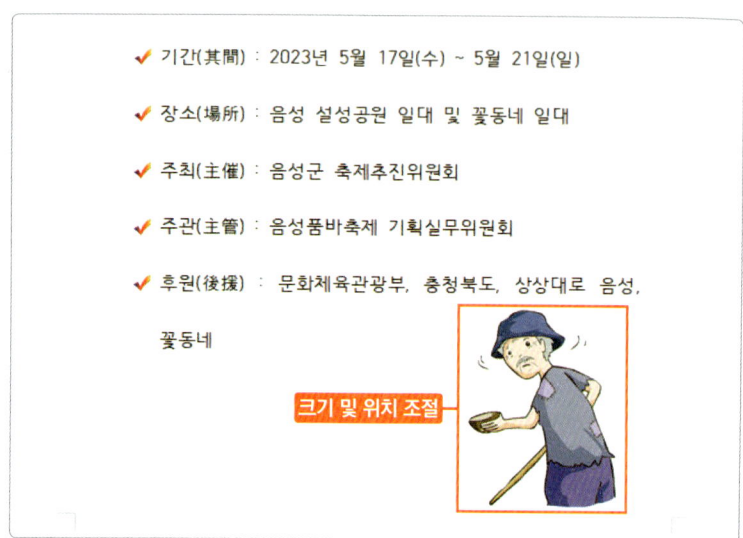

4. 모든 작업이 끝나면 [파일] 탭-[저장하기]를 클릭하고 본인의 폴더를 선택합니다. 이어서, 파일 이름을 '음성 품바 축제(홍길동)'으로 저장합니다.

미션 수행하기

📁 불러올 파일 : 장미.jpg   📁 완성된 파일 : 9차시 미션(완성).hwpx

MISSION 제목 상자와 그림 글머리표로 문서 만들기

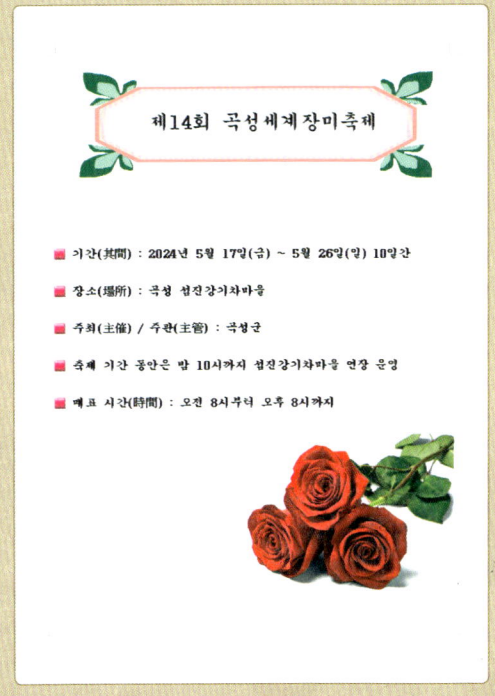

1. 그리기마당()에서 제목상자를 입력합니다.
   - [설명상자(제목상자)]-'제목상자01'
   - '제14회 곡성세계장미축제'를 입력한 후, 글꼴(궁서), 크기(24pt)로 지정합니다.

2. 가로 글상자( ) 에 그림과 같이 내용을 입력한 후, 그림 글머리표( )를 선택합니다..

3. 글꼴(궁서), 크기(15pt), 줄 간격(300%)로 선택합니다.

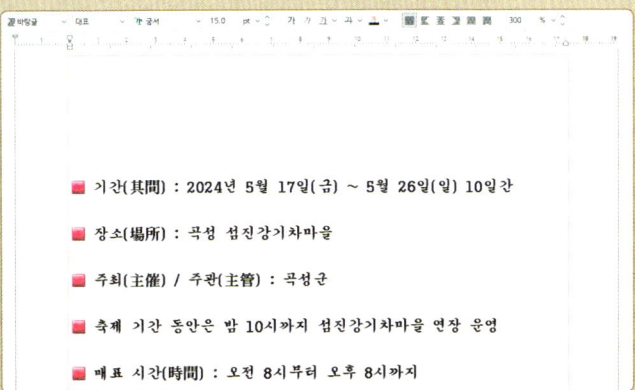

4. [불러올 파일]-[CHAPTER 09] - '장미.jpg' 그림을 삽입합니다.

네덜란드 큐켄호프 튤립 축제

📁 불러올 파일 : 튤립1~5.jpg   📁 완성된 파일 : 네덜란드 큐켄호프 튤립 축제(완성).hwpx

사용 기능 • 쪽 여백, 그리기마당, 그림 글머리표, 그림 삽입

완성작품 미리보기

창의력 문제   ※ 인터넷 검색을 활용합니다.

Q 우리나라의 5월에 피는 대표적인 꽃과 꽃말의 의미를 찾아보아요.

[예시] 빨간 튤립 : 열정적인 사랑, 사랑의 고백, 표현

 ## 표 만들고 셀 크기 변경하기

1 [한글 2022]를 실행한 다음 [새 문서]를 클릭하고 [쪽] 탭-'가로(≡)'를 클릭한 후, [보기] 탭-'쪽 맞춤(□)' 을 클릭합니다.

2 '네덜란드 큐켄호프 튤립축제' 입력한 후, 글자를 블록 지정한 후, [서식] 도구상자에서 '글꼴(함초롬돋움), 크기(24pt), 글자 색(빨강)', '오른쪽 정렬'을 클릭합니다.

3 [입력] 탭-[표]-'표 만들기'를 선택하고 표 만들기 대화상자가 나오면 '줄 개수(4), 칸 개수(4)', '글자처럼 취급'을 체크한 후, <만들기> 단추를 클릭합니다.

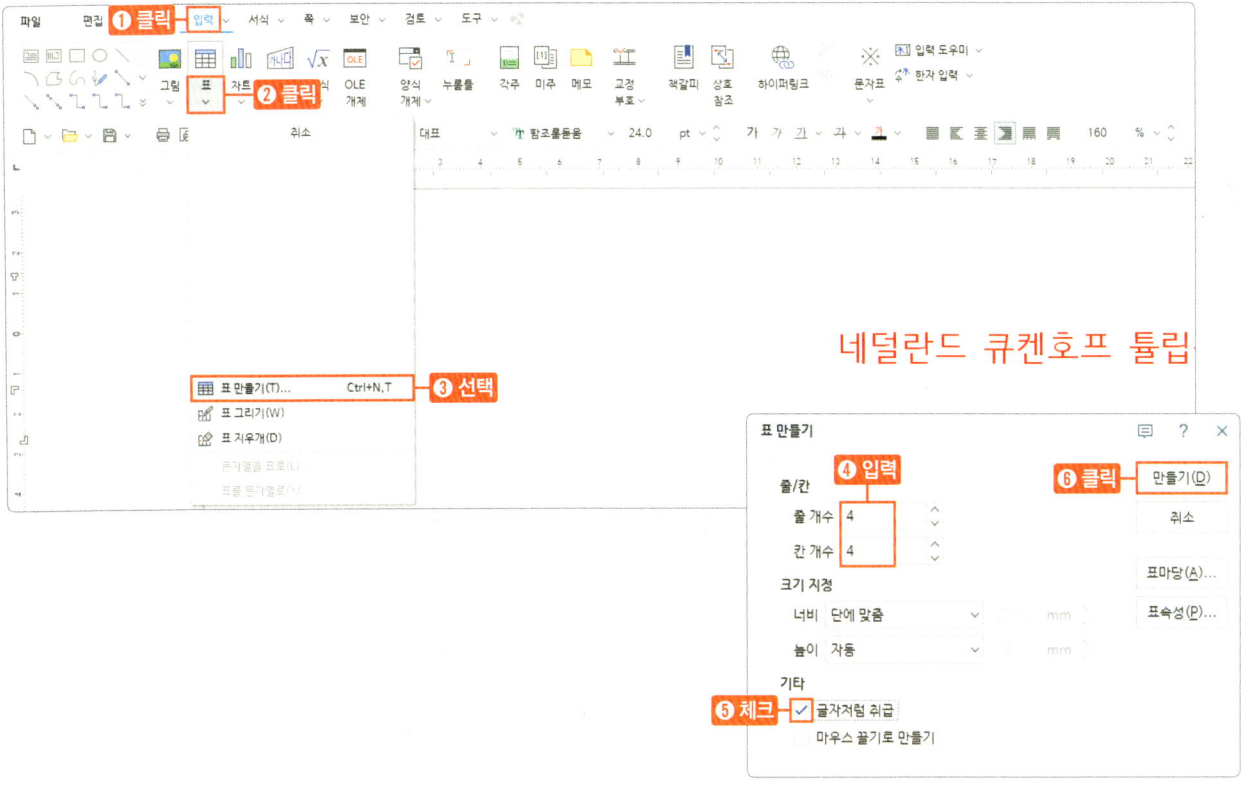

4 표를 전체 선택한 후, 셀의 크기를 조절합니다.

※ 표 안에 커서를 둔 후, `F5` 키를 3번 누르고 `Ctrl`+`↓` 키를 22번을 눌러 크게 한다.

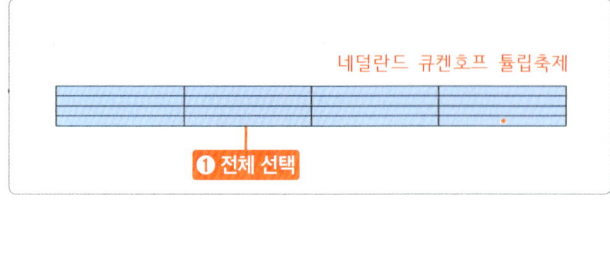
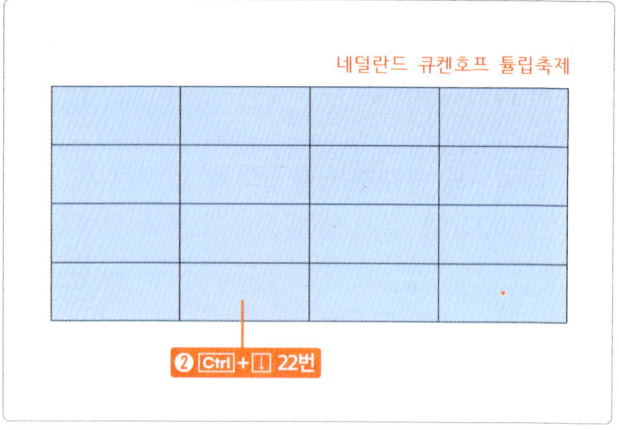

5 두 번째 줄을 드래그한 다음 네 번째 줄을 `Ctrl` 키를 누르고 드래그하여 블록 설정한 후, `Ctrl`+`↑` 키를 9번 눌러 작게 합니다.

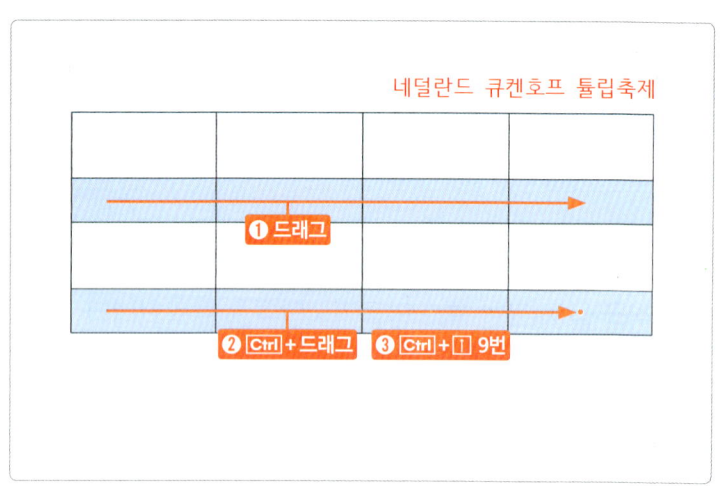

6 첫 번째 줄을 드래그한 다음 세 번째 줄을 `Ctrl` 키를 누르고 드래그하여 블록 설정한 후, `Ctrl`+`↓` 키를 9번을 눌러 크게 합니다.

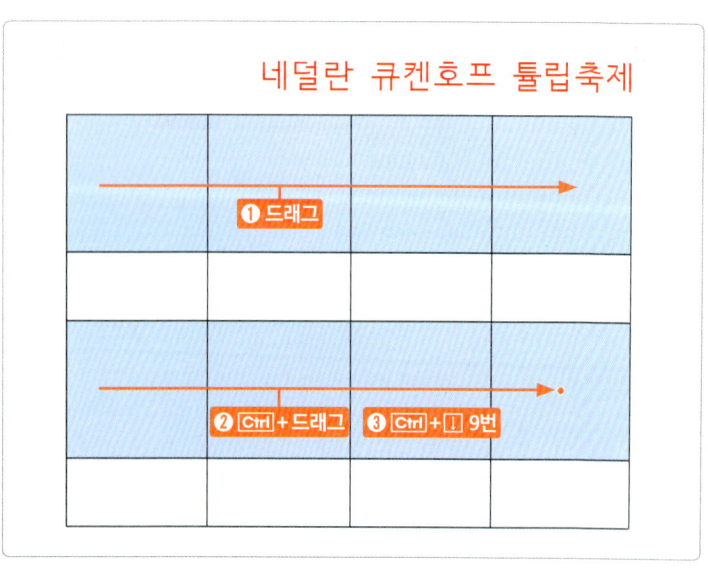

02 누름틀 사용하기

1 두 번째 줄 첫 번째 칸에 클릭하여 커서를 이동합니다. [입력] 탭-[누름틀(　)]을 클릭합니다. 이어서, 나머지 칸에도 누름틀을 적용합니다.

※ 누름틀은 한 번에 적용이 되지 않기에 각각 필요한 곳에 클릭하여 삽입합니다.

TiP '누름틀' 자리에 '나의 이름표' 또는 '친구의 이름표'를 적어주세요.

03 셀의 크기에 맞추어 그림 삽입하기

1 첫 셀을 클릭한 다음 F5 키를 눌러 블록 지정합니다. 이어서, 마우스 오른쪽 단추를 눌러 [셀 테두리/배경]-[각 셀마다 적용]을 클릭합니다.

2 [셀 테두리/배경] 대화상자에서 [배경] 탭-'그림'을 체크하고 '그림 선택( )'을 클릭합니다. 이어서, [그림 넣기] 대화상자가 나오면 [불러올 파일]-[CHAPTER 10]-'튤립1.jpg' 파일을 선택한 다음 <열기> 단추 및 <설정> 단추를 클릭합니다.

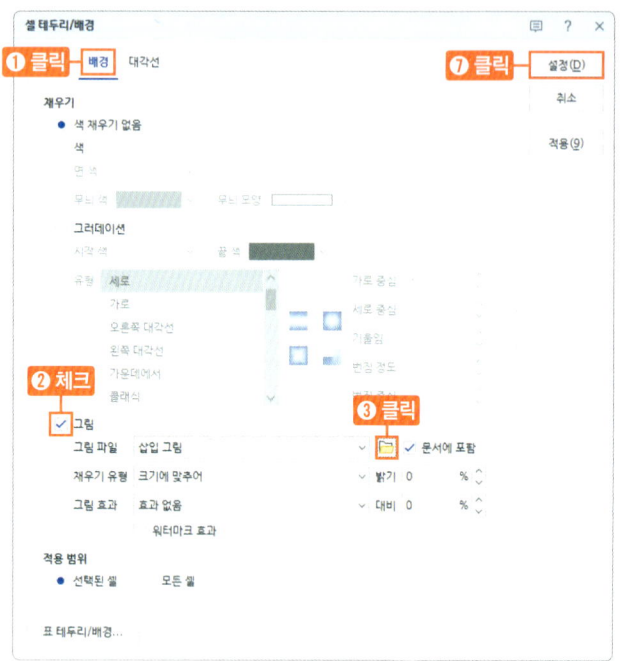

3 같은 방법으로 나머지 셀도 동일한 방법으로 '튤립2.jpg ~튤립5.jpg' 파일을 삽입합니다.

TiP 블록설정 후, 단축키 C 키를 눌러 셀 테두리/배경을 지정할 수도 있어요.

4 모든 작업이 끝나면 [파일] 탭-[저장하기]를 클릭하고 본인의 폴더를 선택합니다. 이어서, 파일 이름을 '네덜란드 큐켄호프 튤립축제(홍길동)'으로 저장합니다.

CHAPTER 10

📁 불러올 파일 : 장미1.jpg ~ 장미4.jpg   📁 완성된 파일 : 10차시 미션(완성).hwpx

MISSION 표의 셀 크기 변경하고 셀 안에 그림 넣기

1 '가로'로 쪽 설정하고, 글꼴 서식 지정합니다.
- '울산 대공원 장미 축제' 입력한 후, '글꼴(함초롬돋움), 크기(24pt), 글자 색(빨강)', '오른쪽 정렬'

2 표를 만듭니다.
- 줄 개수(2), 칸 개수(4), '글자처럼 취급'

3 셀의 크기를 조절합니다.
- 블록 설정한 후, Ctrl + ↓ 키로 늘려줍니다.
  ※ 페이지를 넘지 않게 임의로 지정합니다.

4 첫 번째 줄에 그림을 삽입합니다.
- 첫 번째 칸에 커서를 위치한 후, 각 셀마다 그림은 [CHAPTER 09]-'장미1.jpg ~ 장미4.jpg' 파일을 선택하여 '문서에 포함'하여 삽입합니다.

5 두 번째 줄에 누름틀을 삽입합니다.
- 두 번째 줄 첫 번째에 클릭하여 커서를 이동한 후, [편집] 탭-[누름틀(I)]을 삽입합니다.

CHAPTER 10 네덜란드 큐켄호프 튤립 축제

강릉 단오제

불러올 파일 : 없음   완성된 파일 : 강릉 단오제(완성).hwpx

사용 기능 • 표 만들기, 글맵시, 셀 테두리 배경, 한컴 에셋

완성작품 미리보기

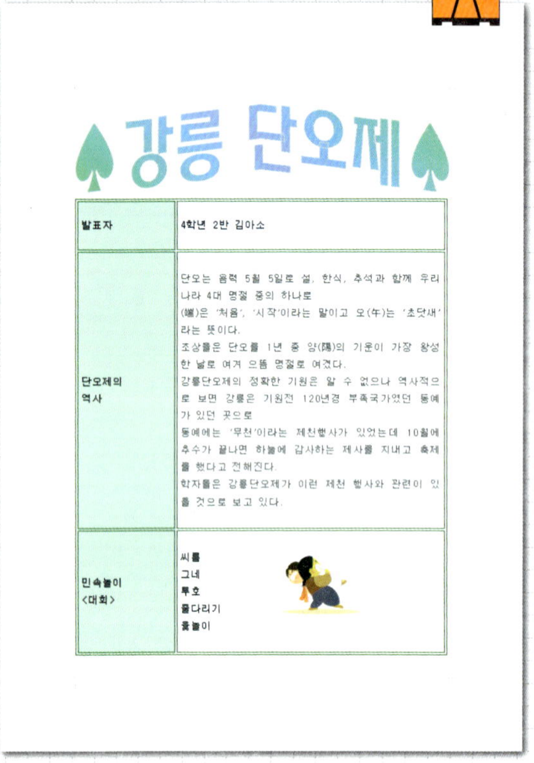

창의력 문제   ※ 인터넷 검색을 활용합니다.

Q 우리나라의 4대 명절 알아보기

| □ □ : 음력 1월 1일

단 오 :

□ □ : 동지의 105일 후, 양력 4월 5일이나 6일

추 석 :

글맵시 사용하기

1 [한글 2022]를 실행한 다음 [새 문서]를 클릭하고 [입력] 탭-글맵시( )의 목록 단추를 클릭한 후, '채우기 – 하늘색 그라데이션 갈매기형 수장 모양(가나다)'을 선택합니다.

2 [글맵시 만들기] 대화상자가 나오면 내용에 '♠강릉 단오제♠'를 입력한 후, <설정> 단추를 클릭합니다.

※ ♠기호는 문자표 사용자 문자표 – '기호2'에 있습니다.
  문자표 단축키 : Ctrl + F10 키

3 글맵시가 입력되면 마우스로 가로 크기를 늘린 후. 첫 줄에서 줄 바꿈한 다음 글맵시 아래로 커서를 이동합니다.

4 [보기] 탭-[쪽 맞춤(□)]을 클릭하여 작업 화면을 변경합니다.

02 표 만들기

1 [입력] 탭-[표(⊞)]를 클릭하여 [표 만들기] 대화상자가 나오면 '줄 개수(3), 칸 개수(2)', '글자처럼 취급'을 체크한 후, <만들기> 단추를 클릭합니다.

2 표를 전체 선택하여 맨 아래줄에 마우스 포인터를 위치한 후, 포인터 모양(⇧)이 변경되면 문서 아래로 그림과 같이 드래그하여 셀의 크기를 변경합니다.

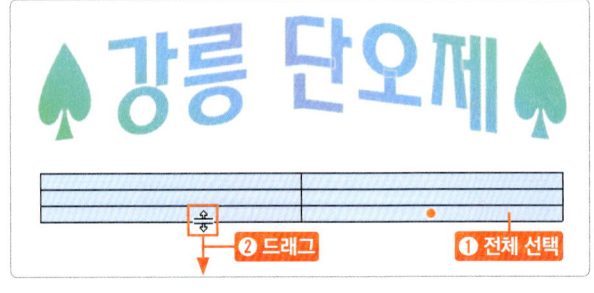

TiP 표 안에 커서를 둔 후, F5 키를 3번 누르면 전체 선택이 됩니다.

3️⃣ 첫 번째 칸의 너비를 변경하기 위해 칸과 칸 사이에 마우스 포인터를 위치한 후, 왼쪽으로 드래그하여 첫 번째 칸의 너비를 줄입니다.

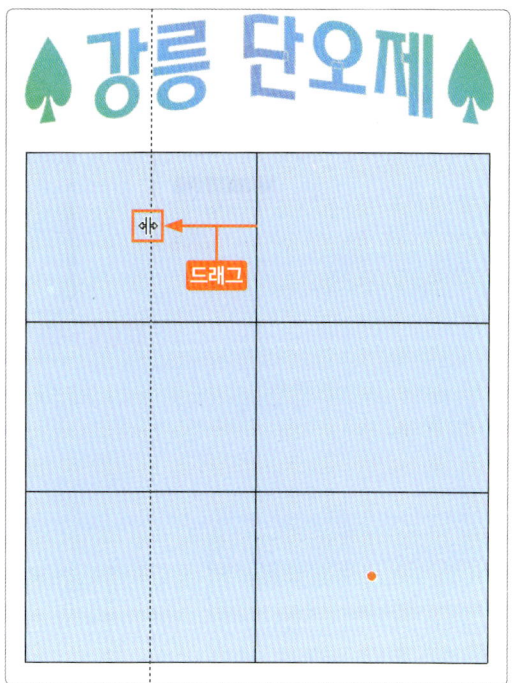 

03. 셀 테두리와 배경색 변경하기

1️⃣ 표를 전체 선택하여 마우스 오른쪽 단추를 눌러 [셀 테두리/배경]-[각 셀마다 적용]을 클릭합니다.

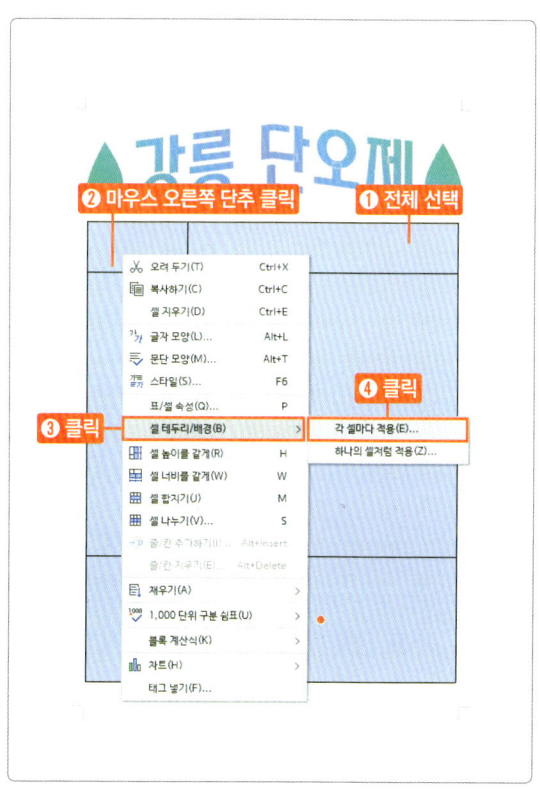

2 [셀 테두리/배경] 대화상자가 나오면 [테두리] 탭-'테두리'에서 '종류(이중 실선), 굵기(0.5mm), 색(초록), (모두)'를 클릭한 후, <설정> 단추를 클릭합니다.

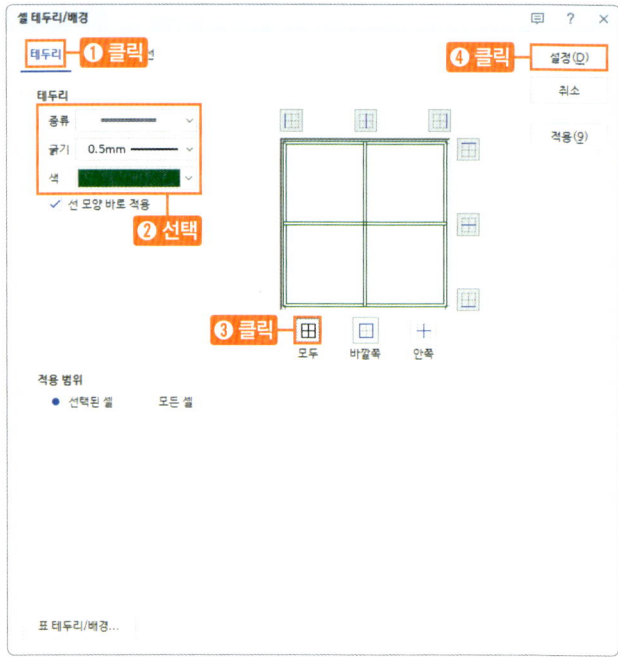

3 첫 번째 칸을 드래그하여 블록으로 지정한 후, 마우스 오른쪽 단추를 눌러 [셀 테두리/배경]-[각 셀마다 적용]을 클릭합니다. 이어서, [셀 테두리/배경] 대화상자가 나오면 [배경] 탭-'채우기'에서 '색'-면색(초록 80% 밝게)를 선택한 다음 <설정> 단추를 클릭합니다.

 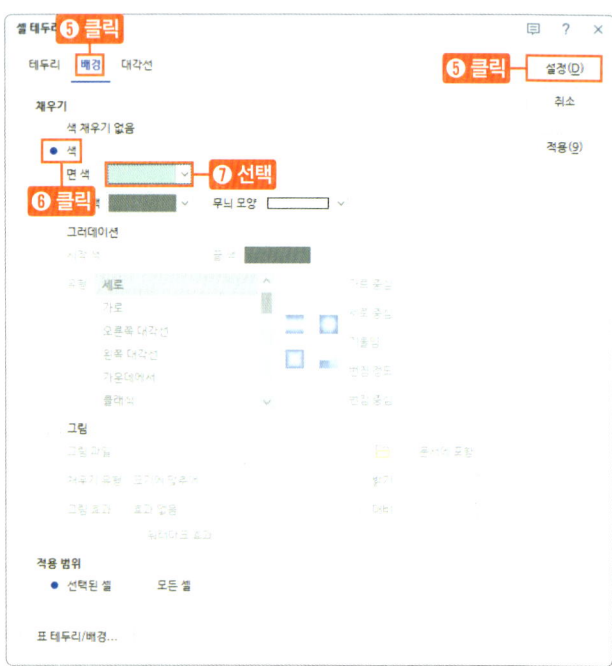

TiP
표 단축키 : 셀 테두리는 L 키, 셀 배경색은 C 키

04 인터넷 정보를 검색하여 문서에 넣기

1 인터넷 브라우저을 실행하고 '강릉 단오제'를 검색하여 공식 홈페이지로 이동합니다. [강릉단오제 소개]-[역사와 설화]-'강릉단오제의 역사' 글을 확인합니다. 이어서, 강릉단오제의 역사 글의 내용을 드래그하여 마우스 오른쪽 단추를 눌러 [복사]를 클릭합니다.

2 한글 프로그램으로 돌아와 표의 두 번째 줄 두 번째 칸을 클릭하여 커서를 위치하고 마우스 오른쪽 단추를 눌러 [붙이기]를 클릭합니다. 이어서, [HTML 문서 붙이기] 대화상자가 나오면 '원본 형식 유지'를 클릭하고 <확인> 단추를 클릭합니다.

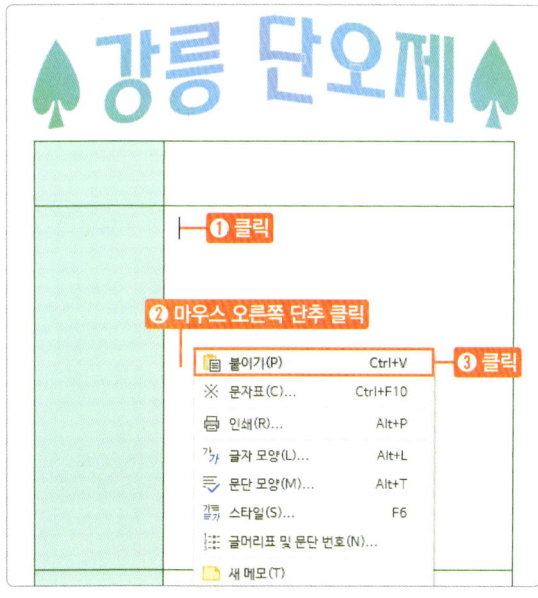
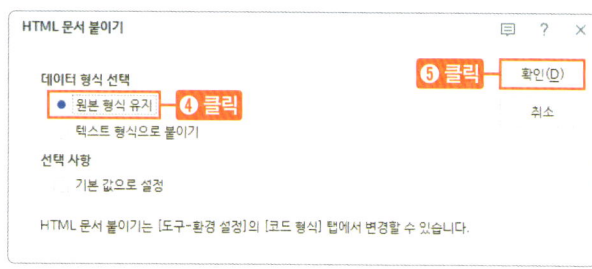

3 나머지 표의 내용은 아래의 그림을 참고하여 직접 입력합니다.

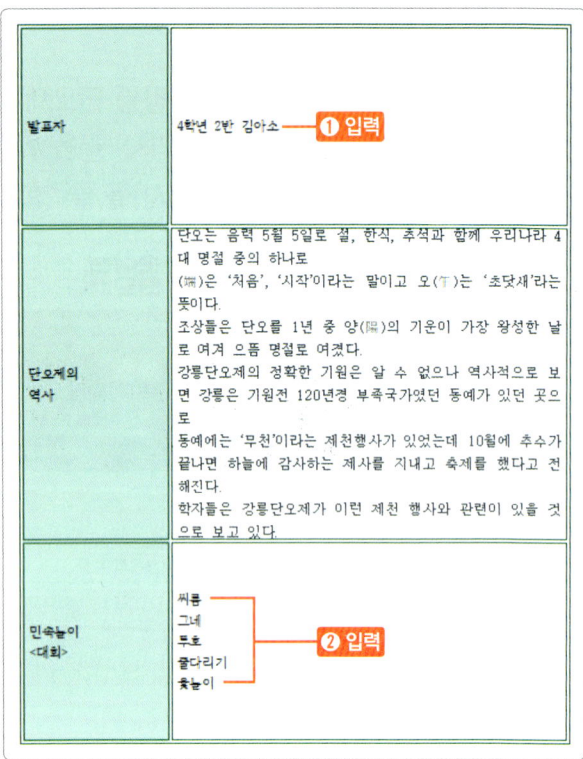

4 표를 전체 선택하여 모두 선택한 후, [서식] 도구상자에서 글꼴(돋움), 크기(12pt)로 클릭합니다.

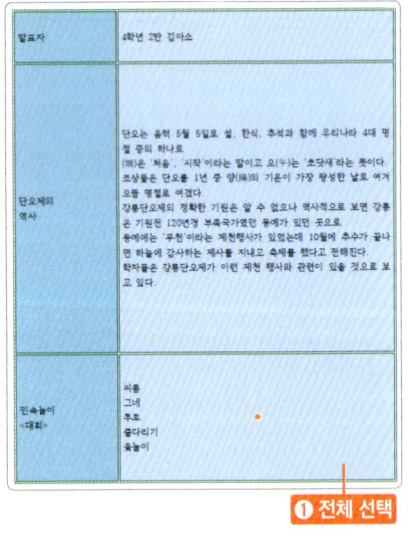
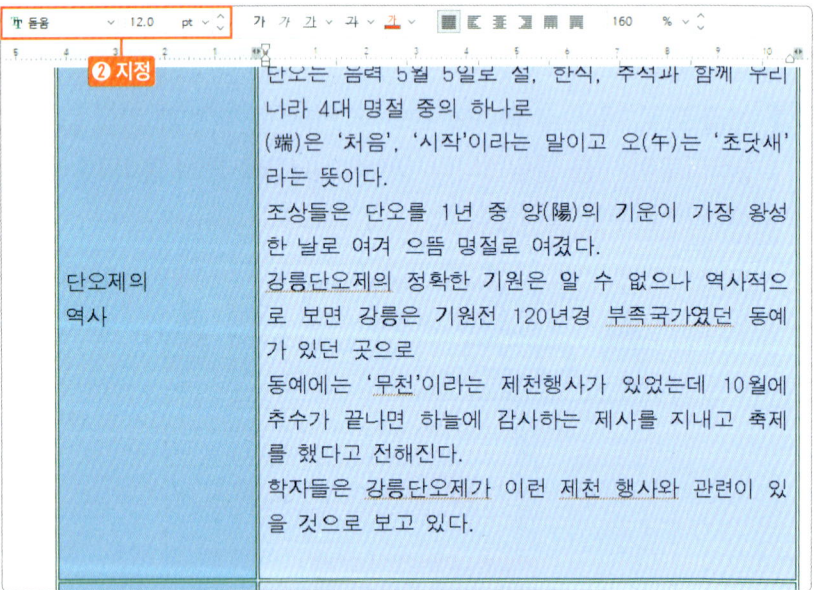

5 표의 높이를 조절하기 위해서 줄과 줄 사이에 마우스 포인터를 위치한 후, 포인터 모양()이 변경되면 위로 드래그하여 줄의 높이를 변경합니다.

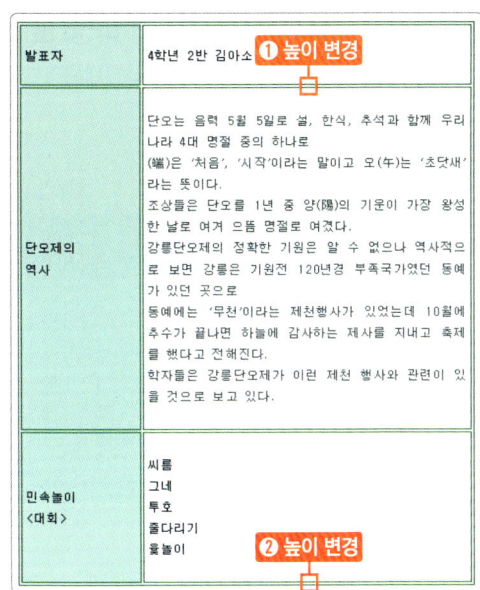

05 한컴애셋을 이용하여 클립아트 넣기

1 [도구] 탭-[한컴 애셋()]을 클릭한 다음 [한컴 에셋] 대화상자가 나오면 [클립아트] 탭을 클릭하고 "씨름"을 입력하여 검색합니다.

2 결과가 나오면 [내려받기]를 클릭하고 '내려받기가 완료되었습니다.' 메시지가 나오면 <확인> 단추를 클릭한 후, 한컴 애셋 창을 닫습니다.

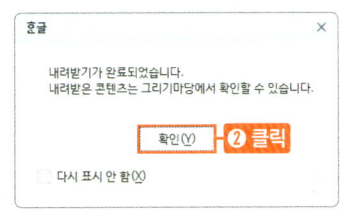

3 [입력] 탭-[그림]-[그리기 마당(📗)]을 선택하고 [그리기마당] 대화상자-'내려받은 그리기 마당'을 클릭한 후, 공유 클립아트에 있는 "씨름" 그림을 선택한 후, <넣기> 단추를 클릭합니다.

4 드래그하여 그림을 삽입한 후, [그림(🌷)] 탭-'글 앞으로(📗)'를 클릭한 후, 아래와 같이 위치와 크기를 변경합니다.

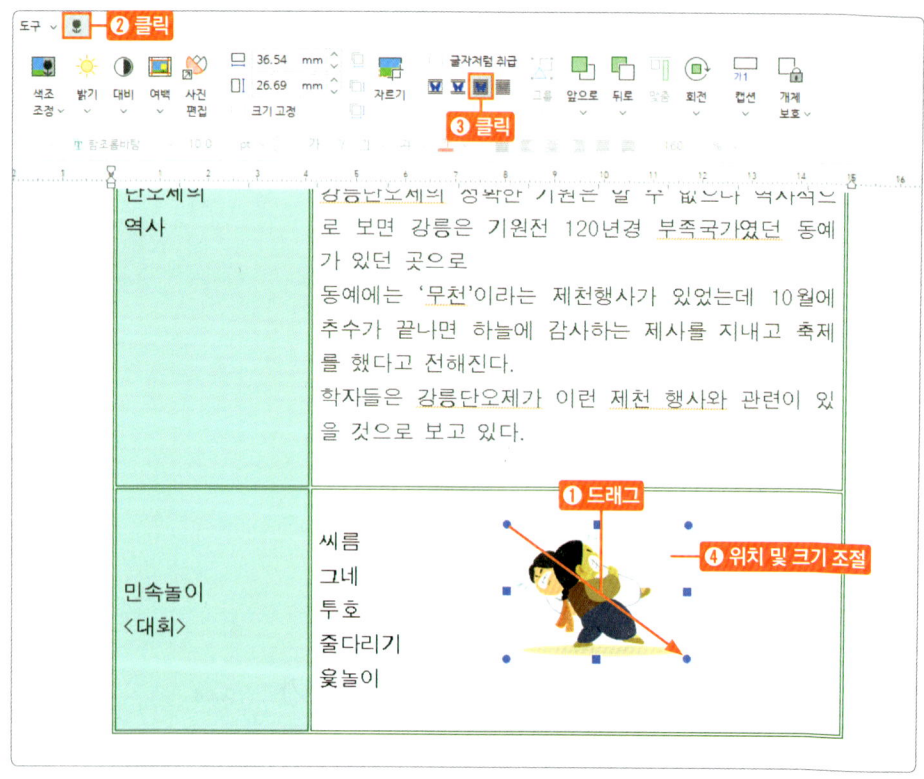

5 모든 작업이 끝나면 [파일] 탭-[저장하기]를 클릭하고 본인의 폴더를 선택합니다. 이어서, 파일 이름을 '강릉 단오제(홍길동)'으로 저장합니다.

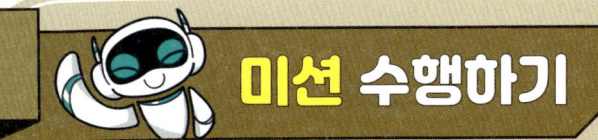

■ 불러올 파일 : 없음   ■ 완성된 파일 : 11차시 미션(완성).hwpx

글맵시로 제목 입력하고 표 만들고 편집하기

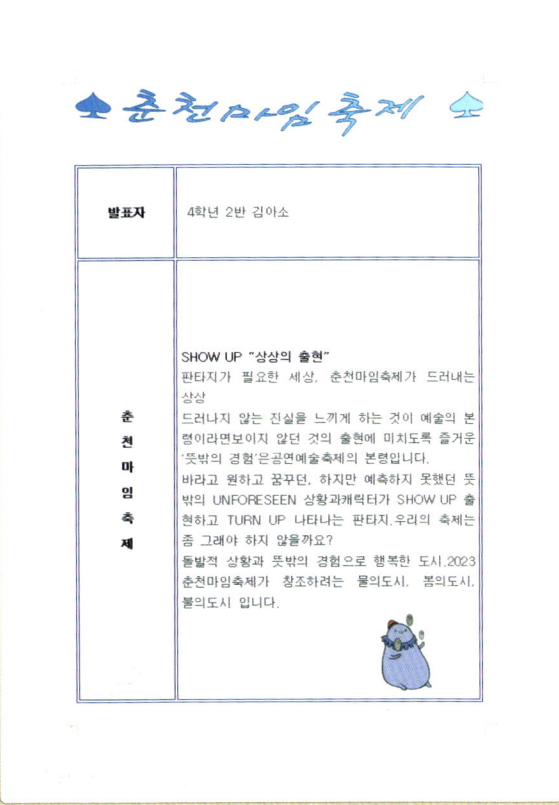

1 글맵시로 제목 입력합니다.
- '채우기 – 파란색 그러데이션, 역갈매기형 수장 모양()'
- '♠춘천마임축제♠' 입력합니다.

2 표를 만듭니다.
- 줄 개수(2), 칸 개수(2), 그림과 같이 너비와 높이를 조절합니다.

3 인터넷 정보를 검색하고 내용을 복사합니다.
- '춘천마임축제' 홈페이지에서 축제 소개 글의 내용을 복사하여 한글에 붙이기를 합니다.
- 글꼴(돋움), 크기(13pt)로 클릭합니다.

4 한컴 에셋을 활용합니다.
- "서커스"를 검색하여 내려받기 후, 클립아트를 삽입합니다.

스웨덴 하지 축제

■ 불러올 파일 : 없음   ■ 완성된 파일 : 스웨덴 하지 축제(완성).hwpx

사용 기능 • 글맵시, 도형 삽입, 한컴 에셋

완성작품 미리보기

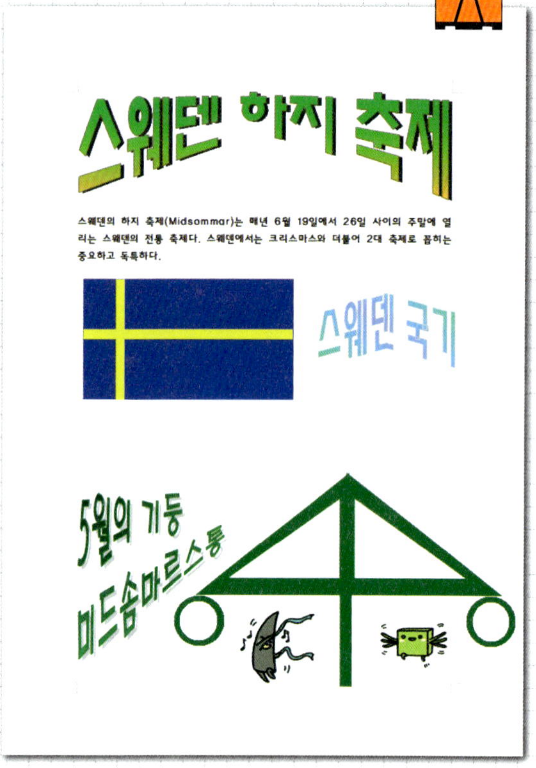

창의력 문제   ※ 인터넷 검색을 활용합니다.

Q. 우리나라 국기인 태극기를 그려보고 건곤감리의 의미를 인터넷으로 검색해 봅니다.

건 :

곤 :

감 :

리 :

 **글맵시 사용하기**

1. [한글 2022]를 실행한 다음 [새 문서]를 클릭하고 [입력] 탭-글맵시( )의 목록 단추를 클릭한 후, '채우기-연두색 그러데이션, 볼록하게 위쪽으로 팽창 모양( )'을 선택합니다.

2. [글맵시 만들기] 대화상자가 나오면 내용에 '스웨덴 하지 축제'를 입력한 후, 글맵시 모양 '아래쪽 수축( )'을 선택한 다음 <설정> 단추를 클릭합니다. 이어서, 글맵시의 너비를 드래그하여 넓힙니다.

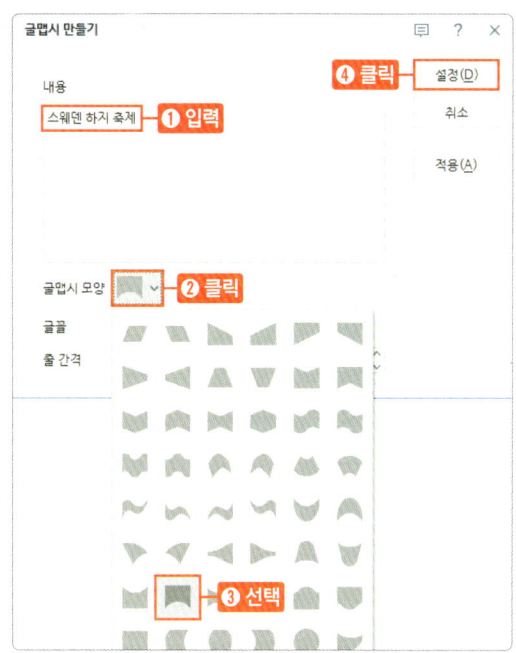

3. 글맵시 아래로 커서를 이동한 후, 아래의 내용을 입력합니다.

   스웨덴의 하지 축제(Midsommar)는 매년 6월 19일에서 26일 사이의 주말에 열리는 스웨덴의 전통 축제다. 스웨덴에서는 크리스마스와 더불어 2대 축제로 꼽히는 중요하고 독특하다.

4. 내용을 블록 지정하고 [서식] 도구상자에서 글꼴(한컴 윤고딕 240), 크기(12pt)를 클릭합니다.

5 [입력] 탭-글맵시( )의 목록에서 '채우기 – 하늘색 그러데이션, 갈매기형 수장 모양(가나다)'을 선택하고 내용에 '스웨덴 국기'를 입력한 후, <설정> 단추를 클릭합니다.

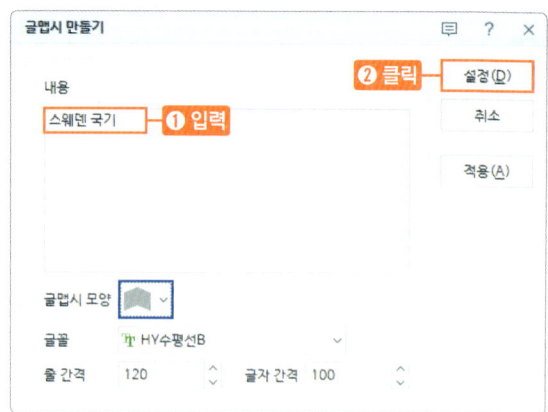

6 같은 방법으로 글맵시를 만들어 봅니다.

※ '진초록색 그러데이션 회색 그림자, 위로 계단식 모양(가나다)', '5월의 기둥 미드솜마르스통'

7 글맵시를 다음과 같이 배치합니다.

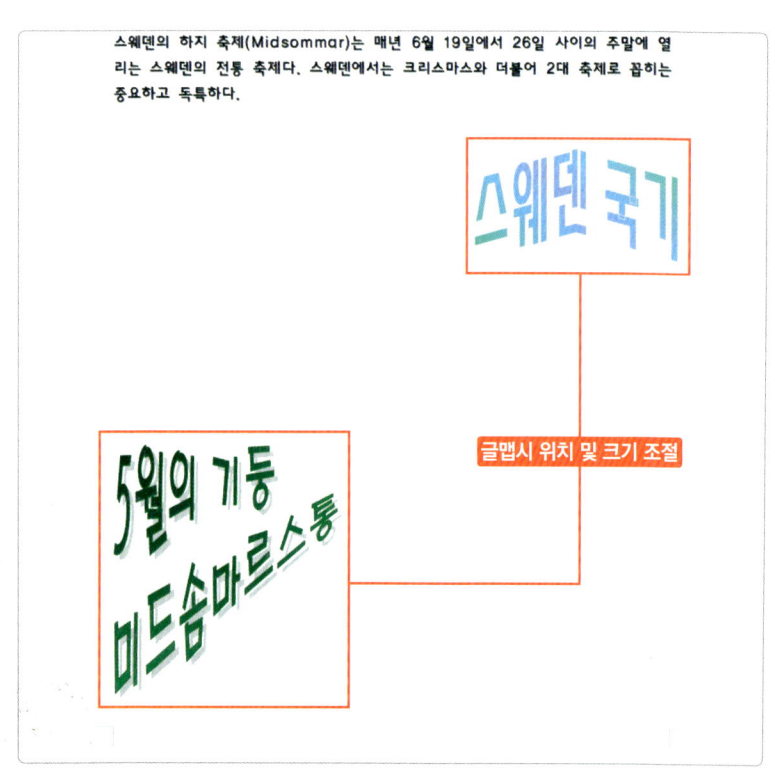

02 도형을 삽입하여 국기와 나무 그리기

1 [입력] 탭-개체-'직사각형(□)'을 선택한 후, 다음과 같이 드래그합니다.

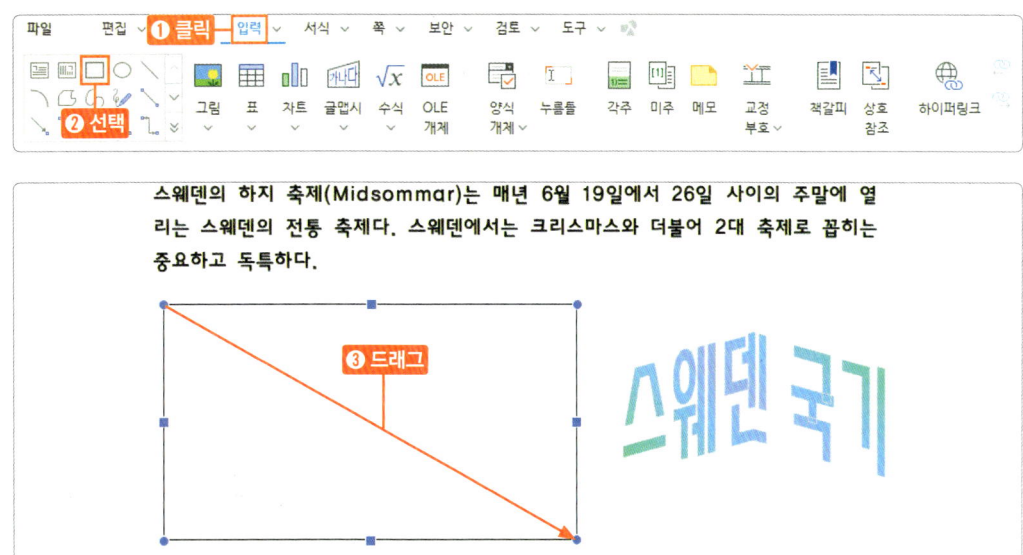

2 직사각형 테두리를 더블 클릭하여 [개체 속성] 대화상자가 나오면 [선] 탭-'선'에서 '종류(없음)', [채우기] 탭-'색'에서 '면색(파랑)'을 선택한 후, <설정> 단추를 클릭합니다.

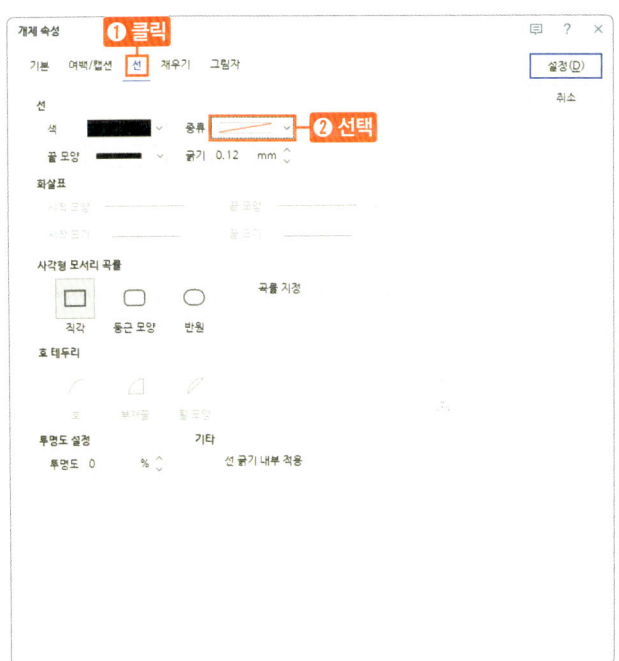
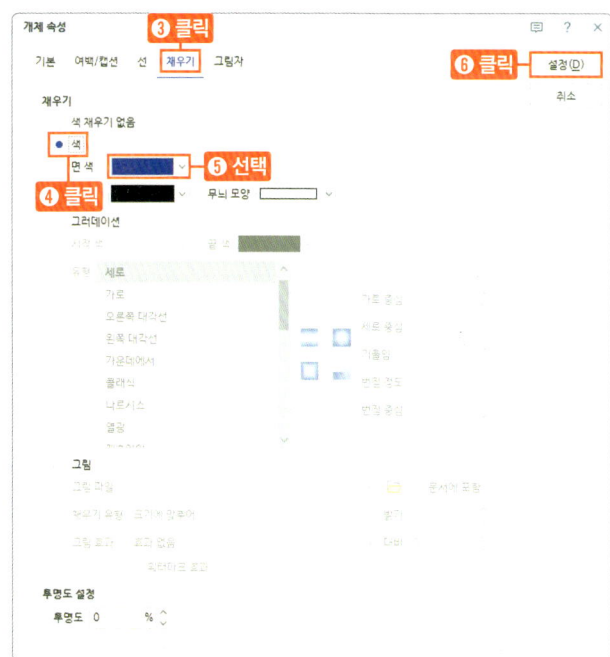

> **TIP** [도형(🖼)] 탭 - 도형 윤곽선, 도형 채우기를 지정할 수 있어요.

3 동일한 방법으로 직사각형을 이용해 아래 그림과 같이 모양을 그린 후, 두 직사각형을 Shift 키를 눌러 선택한 다음 선과 채우기를 변경합니다.

※ 선 종류(없음), 채우기(노랑)

4 직사각형(□)을 선택한 후, 다음과 같이 드래그합니다.

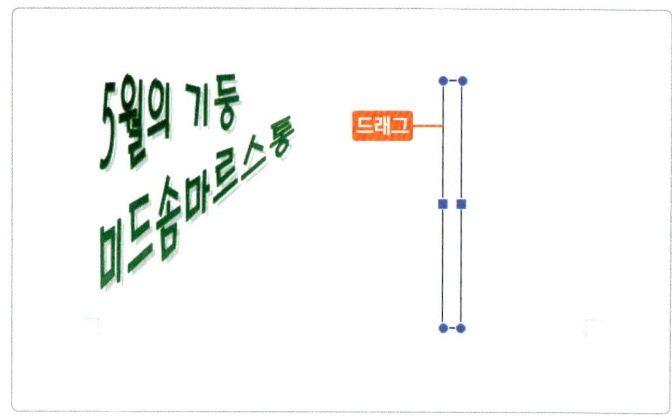

5 직사각형을 더블 클릭하여 [개체 속성] 대화상자가 나오면 선과 채우기를 변경합니다.

※ 선 종류(없음), 채우기(초록)

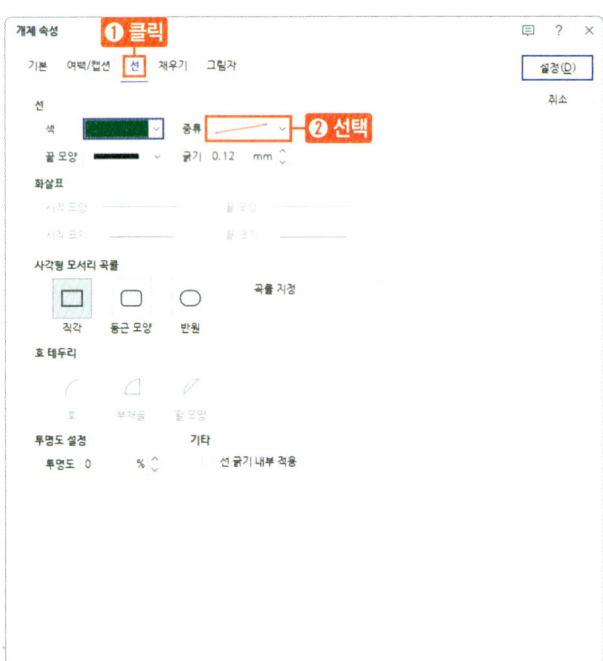 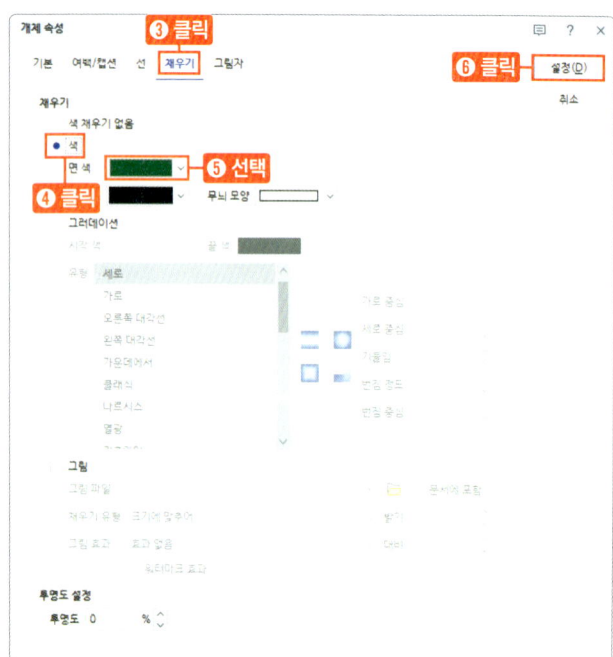

6 [입력] 탭-[그림]-[그리기마당( )]-[그리기 조각]-'선택할 꾸러미'에서 '기본도형'-'직각 삼각형( )'을 선택한 후, <넣기>단추를 클릭한 후, 다음과 같이 드래그한 다음 선과 채우기를 변경합니다.

※ 선 종류(없음), 채우기(초록)

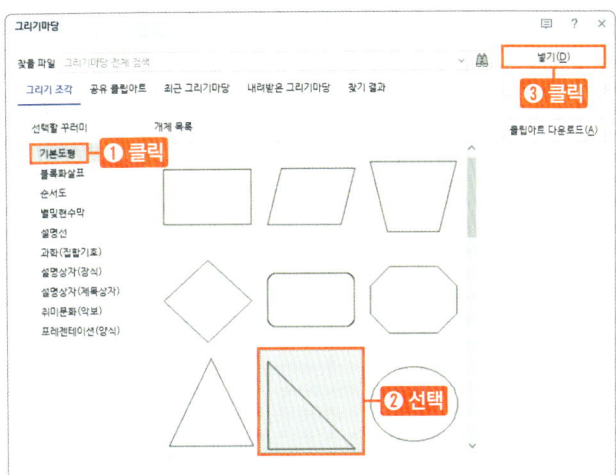 

7 직각 삼각형을 선택하여 왼쪽으로 Ctrl + Shift 키를 동시에 누르고 드래그하여 복사한 후, [도형( )] 탭-회전( )-'좌우대칭'( )을 지정합니다.

8 같은 방법으로 직각 삼각형 안에 작은 직각 삼각형을 만든 후, 선과 채우기를 변경합니다.

※ 선 종류(없음), 채우기(하양)

9 직각 삼각형 아래에 타원을 선택하여 다음과 같이 드래그합니다.

※ 큰 타원 : 선 종류(없음), 채우기(초록) / 작은 타원 : 선 종류(없음), 채우기(하양)

10 한컴 에셋에서 "신남"을 검색하여 내려받기 후, 클립아트를 삽입합니다.

11 모든 작업이 끝나면 [파일] 탭-[저장하기]를 클릭하고 본인의 폴더를 선택합니다. 이어서, 파일 이름을 '스웨덴 하지 축제(홍길동)'으로 저장합니다.

CHAPTER 12

■ 불러올 파일 : 없음   ■ 완성된 파일 : 12차시 미션(완성).hwpx

 도형을 삽입하고 편집하여 나라별 국기를 만듭니다.

1. **글맵시로 제목을 입력합니다.**
   - '나라별 국기, 독일 국기, 미얀마 국기'를 입력합니다.
     ※ 글맵시는 임의로 지정하여 만듭니다.

2. **직사각형 도형으로 국기를 그립니다.**
   - 독일 : 도형 채우기 – 검정, 빨강, 노랑, 선 종류(없음)
   - 미얀마 : 도형 채우기 – 노랑, 초록, 빨강, 선 종류(없음)

3. **그리기 마당에서 별을 그립니다.**
   - 별및현수막 – 포인트가 5개인별, 채우기(하양), 선 종류(없음)

CHAPTER 12 스웨덴 하지 축제 • 091

봉화 은어 축제

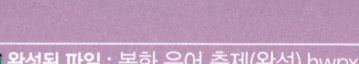

사용 기능 • 쪽 테두리 배경, 그러데이션 설정, 표 만들기, 셀 합치기

완성작품 미리보기

시간	07.29(토)	07.30(일)	07.31(월)	08.01(화)	08.02(수)	08.03(목)	08.04(금)	08.05(토)	08.06(일)
13:00	개막식								
14:00		반두잡이							
15:00	맨손잡이								
17:00	반두잡이								
19:00 ~ 21:00	개막 축하공연	응답하라! MZ 세대! 청춘 페스타	봉화로운 슈퍼스타 콘서트	한여름 문화가 꽃 피는 밤!	나도 "찐" 가수다	한여름 밤의 작은 음악회	은벤져수水 EDM 페스티벌	썸타는~ 은어 가요제	폐막식 / 폐막 축하공연 / 폐막 드론 컬러 라이트쇼

창의력 문제

※ 인터넷 검색을 활용합니다.

Q. 은어 물고기가 사는 곳, 습성 등에 대해서 알아보아요.

01 쪽 테두리/배경 지정하기

1 [한글 2022]에서 [쪽] 탭-[가로(▤)]를 선택한 후, [쪽 테두리/배경(🖼)]을 클릭합니다.

2 [쪽 테두리/배경] 대화상자가 나오면 [배경] 탭-'그러데이션'에서 '시작 색(하양), 끝 색(하늘색 밝게 40%), 유형(가운데에서)'를 클릭한 후, <설정> 단추를 클릭합니다.

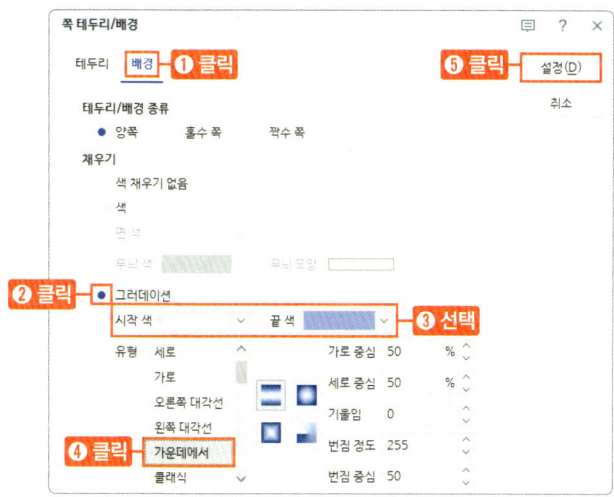

3 이어서, "봉화 은어 축제 행사 일정표"를 입력한 후, 줄 바꿈을 하고 글자를 블록 지정하여 [서식] 도구 상자에서 글꼴(함초롬돋움), 크기(24pt), 진하게, 밑줄, '가운데 정렬'을 지정합니다.

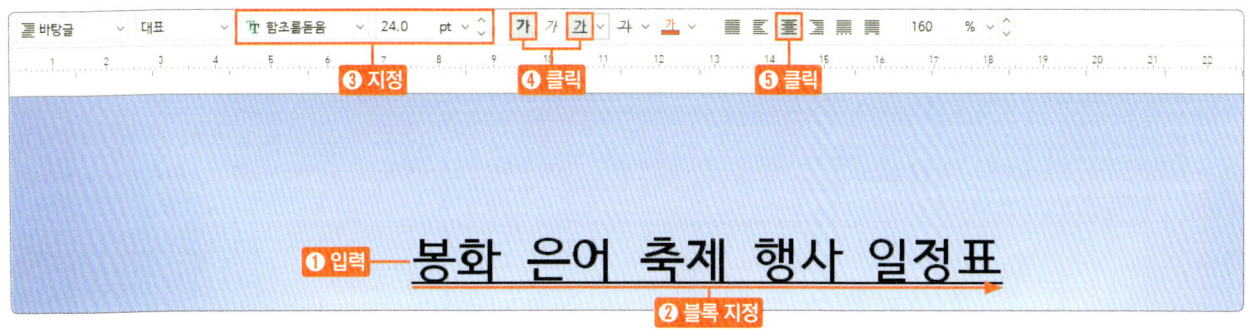

02 표 만들기

1 제목 아래 줄에 커서를 이동한 후, [편집] 탭-[표(▦)]를 클릭합니다. 이어서, [표 만들기] 대화상자가 나오면 줄 개수(6), 칸 개수(10), '글자처럼 취급'을 체크한 다음 <만들기> 단추를 클릭합니다.

② [보기] 탭-[쪽 맞춤(□)]으로 변경한 다음 표 전체를 블록 지정한 후, 마우스 포인터 모양이 변경되면 표의 높이를 늘립니다.

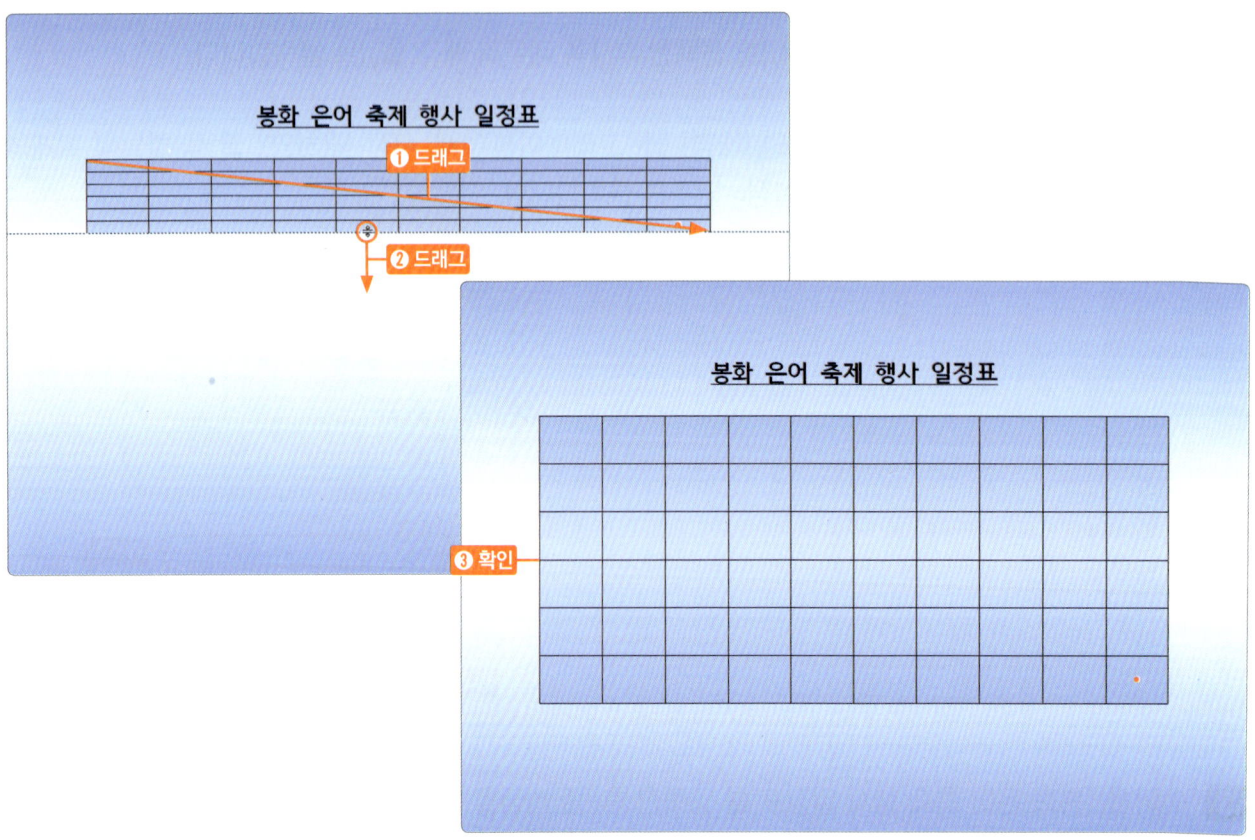

③ 다음과 같이 글자를 입력합니다.

※ 글자를 입력할 때는 화면 배율을 확대합니다.

시간	07.29(토)	07.30(일)	07.31(월)	08.01(화)	08.02(수)	08.03(목)	08.04(금)	08.05(토)	08.06(일)
13:00	개막식								
14:00	반두잡이								
15:00	맨손잡이								
17:00	반두잡이								
19:00 ~ 21:00	개막 축하공연	응답하라! MZ 세대! 청춘 페스타	봉화로운 슈퍼스타 콘서트	한여름 문화가 꽃 피는 밤!	나도 "찐" 가수다	한여름 밤의 작은 음악회	은벤져수水 EDM 페스티벌	썸타는~ 은어 가요제	폐막식

 화면 배율은 Ctrl + 마우스 휠을 움직여 확대/축소할 수 있습니다.

4 표를 전체 선택한 후, [서식] 도구 상자에서 '글꼴(함초롬돋움), 크기(10pt), 가운데 정렬'을 지정합니다.

※ 첫 번째 줄과 첫 번째 칸은 Ctrl 키로 드래그하여 '진하게'를 클릭합니다.

시간	07.29(토)	07.30(일)	07.31(월)	08.01(화)	08.02(수)	08.03(목)	08.04(금)	08.05(토)	08.06(일)
13:00	개막식								
14:00	반두잡이								
15:00	맨손잡이								
17:00	반두잡이								
19:00 ~ 21:00	개막 축하공연	응답하라! MZ 세대! 청춘 페스타	봉화로운 슈퍼스타 콘서트	한여름 문화가 꽃 피는 밤!	나도 "찐" 가수다	한여름 밤의 작은 음악회	은벤져수水 EDM 페스티벌	썸타는~ 은어 가요제	폐막식

03 표 편집하기

1 셀 합치기를 진행할 셀 범위를 지정합니다.

시간	07.29(토)	07.30(일)	07.31(월)	08.01(화)	08.02(수)	08.03(목)	08.04(금)	08.05(토)	08.06(일)
13:00	개막식								
14:00	반두잡이	드래그							
15:00	맨손잡이								
17:00	반두잡이								
19:00 ~ 21:00	개막 축하공연	응답하라! MZ 세대! 청춘 페스타	봉화로운 슈퍼스타 콘서트	한여름 문화가 꽃 피는 밤!	나도 "찐" 가수다	한여름 밤의 작은 음악회	은벤져수水 EDM 페스티벌	썸타는~ 은어 가요제	폐막식

2. 셀 범위를 지정한 후, 마우스 오른쪽 단추를 눌러 [셀 합치기(⊞)]를 클릭합니다. 다음과 같이 셀 합치기 작업을 진행합니다.

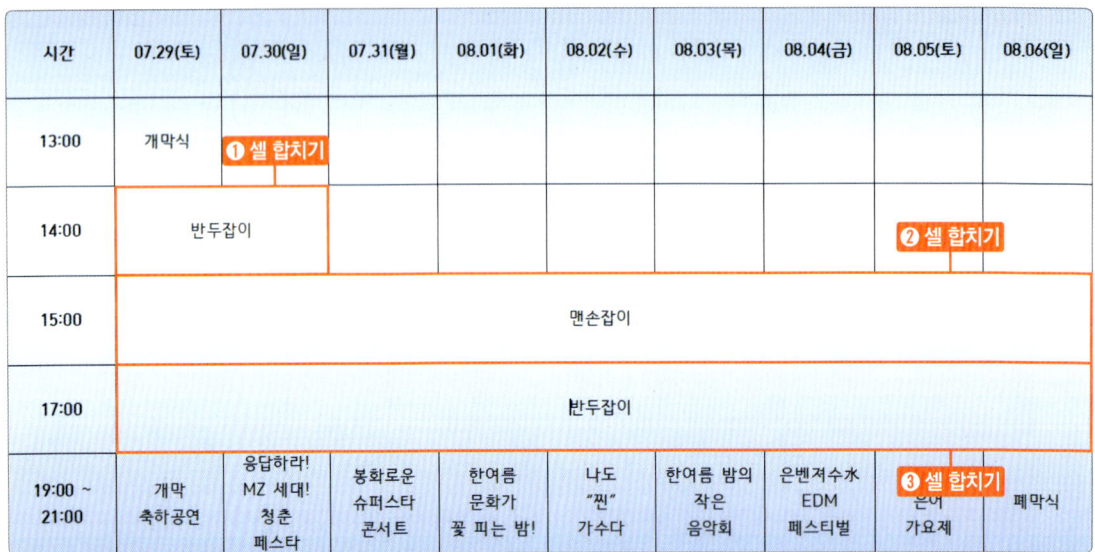

> **TiP** 셀 합치기 단축키 : M

3. 셀 나누기를 위해 '폐막식'의 셀을 블록 지정한 후, 마우스 오른쪽 단추를 눌러 [셀 나누기(⊞)]를 클릭합니다. 이어서, [셀 나누기] 대화상자가 나오면 줄 개수(3), 줄 높이를 같게 나누기를 클릭하고 <나누기> 단추를 클릭합니다.

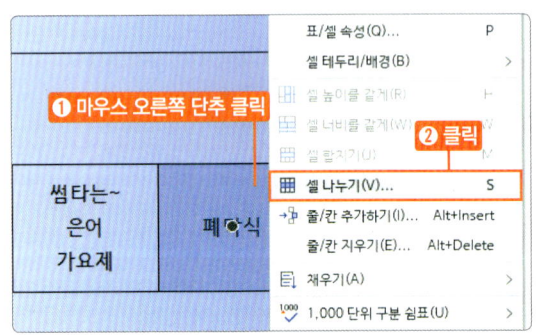 

4. 1~5번째 줄을 블록 설정하여 Ctrl + ↑ 키를 5번 눌러줍니다.

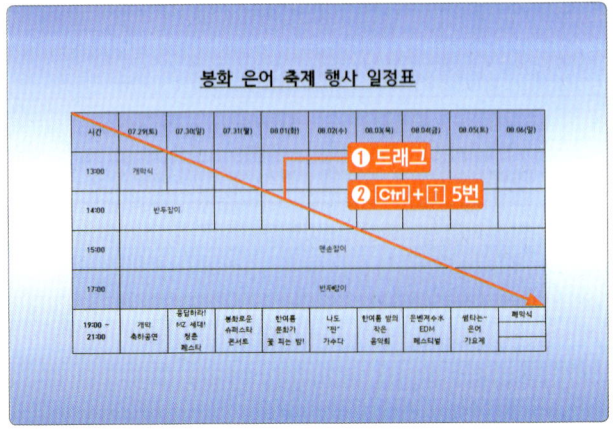 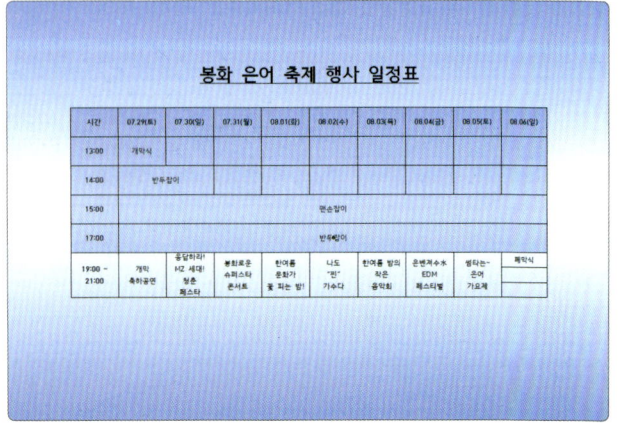

5 6번째 줄을 블록 설정하여 Ctrl+↓ 키를 10번 눌러줍니다.

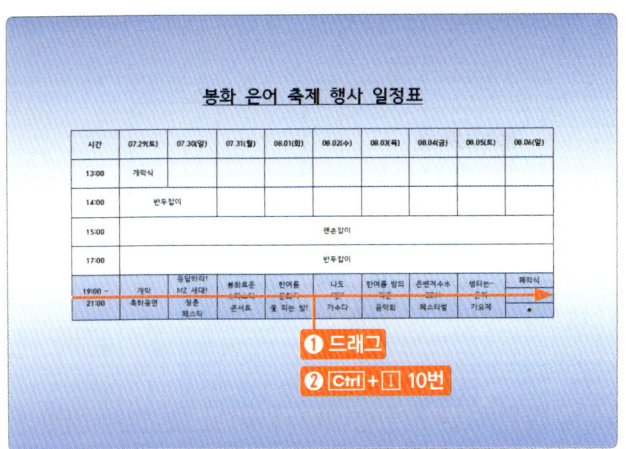

6 나누어진 셀에 다음과 같이 글자를 입력합니다.

※ 내용 : '폐막 축하공연', '폐막 드론 컬러 라이트쇼'

시간	07.29(토)	07.30(일)	07.31(월)	08.01(화)	08.02(수)	08.03(목)	08.04(금)	08.05(토)	08.06(일)
13:00	개막식								
14:00		반두잡이							
15:00					맨손잡이				
17:00					반두잡이				
19:00 ~ 21:00	개막 축하공연	응답하라! MZ 세대! 청춘 페스타	봉화로운 슈퍼스타 콘서트	한여름 문화가 꽃 피는 밤!	나도 "찐" 가수다	한여름 밤의 작은 음악회	은벤져수x EDM 페스티벌	썸타는~ 은어 가요제	폐막식
									폐막 축하공연
									폐막 드론 컬러 라이트쇼

7 표를 전체 선택하여 마우스 오른쪽 단추를 눌러 [셀 테두리/배경]-[각 셀 마다 적용]-[배경] 탭-'채우기' 면 색(하양)을 선택합니다.

CHAPTER 13 봉화 은어 축제

8 이어서, [테두리] 탭-'종류(실선)', '굵기(0.7mm)', '바깥쪽'을 선택한 후, <설정> 단추를 클릭합니다.

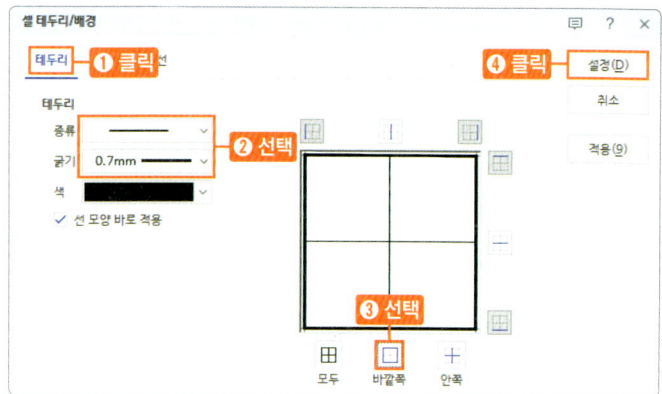

9 첫 번째 줄을 드래그하여 같은 방법으로 '실선, 0.7mm, 바깥쪽'을 지정합니다. 이어서, 첫 번째 칸을 드래그하여 '실선, 0.7mm, 바깥쪽'을 지정합니다.

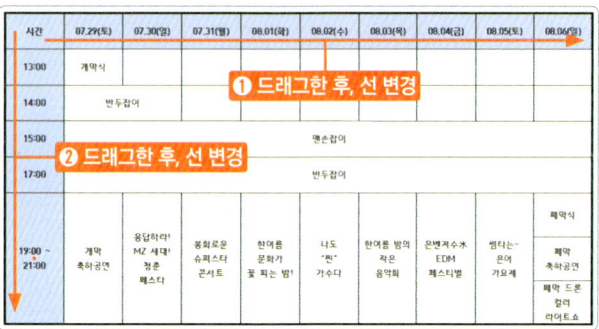
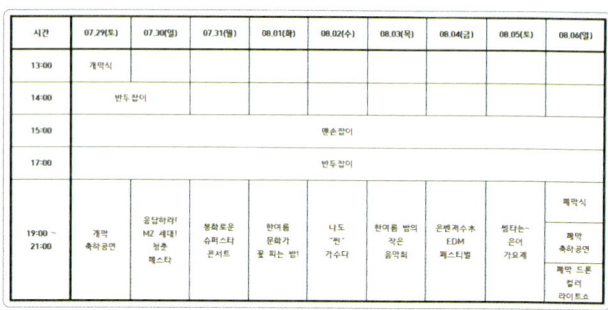

04 그림으로 문서 꾸미기

1 [입력] 탭-[그림( )]을 클릭하고 [그림 넣기] 대화상자가 나오면 [불러올 파일]-[CHAPTER 13]-'물고기.jpg' 파일을 선택합니다. 이어서, '문서에 포함', '마우스로 크기 지정'을 클릭한 후, <열기> 단추를 클릭합니다.

2 그림을 제목의 앞으로 배치한 다음 [그림( )] 탭-[사진 편집( )]-'투명 효과'를 선택하여 하얀 배경을 투명하게 하고 '회전( )'을 이용합니다. 이어서, 그림을 드래그하여 제목의 뒤로 복사합니다.

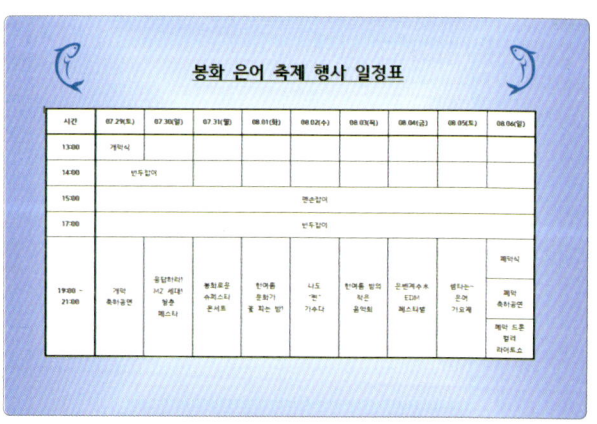

3 모든 작업이 끝나면 [파일] 탭-[저장하기]를 클릭하고 본인의 폴더를 선택합니다. 이어서, 파일 이름을 '봉화 은어 축제(홍길동)'으로 저장합니다.

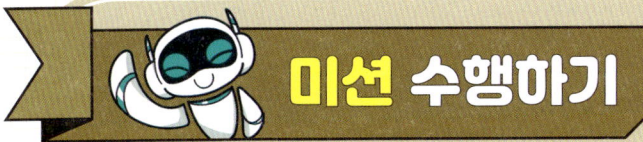

■ 불러올 파일 : 옥수수.jpg ■ 완성된 파일 : 13차시 미션(완성).hwpx

 쪽 배경을 지정하고, 표를 완성합니다.

홍천 찰옥수수 축제

시간	7월 28일(금)	7월 29일(토)	7월 30일(일)
09시 ~ 10시	부스별 행사 진행		
10시 ~ 12시	공연 개막식	무대 이벤트	
12시 ~ 13시	무대정비		
13시 ~ 14시	무대 이벤트		
14시 ~ 15시	축하공연	리허설	리허설
15시 ~ 18시	가요제 및 공연		

1. 편집 용지는 가로, 쪽 배경은 그러데이션 '시작 색(하양), 끝 색(노랑 밝게 40%) 유형(가운데에서)'
2. 표 만들기-줄 개수(7), 칸 개수(4) 만들기
   - '글자처럼 취급'을 체크한 후, 위 그림의 내용을 입력합니다.
   - 제목 : 글꼴(함초롬돋움), 크기(24pt), 진하게, 밑줄, 가운데 정렬
   - 표 안의 내용 : 글꼴(함초롬돋움), 크기(15pt), 진하게, 가운데 정렬
3. 위의 그림을 참고하여 셀 합치기를 진행합니다.
4. 표 안의 배경색은 '하양'을 선택합니다.
5. - 바깥쪽 굵은 테두리는 선 종류(실선), 굵기(0.7mm), 바깥쪽
   - 첫 번째 줄과 첫 번째 칸만을 드래그하여 같은 방법으로 선 종류(실선), 굵기(0.7mm), 바깥쪽
6. 그림 삽입은 [불러올 파일]-[CHAPTER 13]-'옥수수.jpg'를 삽입하고 사진 편집을 이용하여 그림의 하얀 배경을 투명하게 변경합니다.

미국 독립기념일 불꽃놀이

■ 불러올 파일 : 불꽃.jpg   ■ 완성된 파일 : 미국 독립기념일(완성).hwpx

사용 기능 ● 인터넷 검색, 자료 복사, 번역하기

완성작품 미리보기

Date: July 2002, Courtesy of the White House website)
건국 226주년을 기념하는 가운데 2002년 7월 백악관 남쪽 잔디밭에 미국 국기가 게양됩니다 (사진작가: 티나 헤이거, 날짜: 2002년 7월, 백악관 웹사이트 제공)

독립기념일은 미국이 자유와 독립을 쟁취한 기념일이다. 대부분의 미국 국민들은 독립기념일이 7월 4일 이므로 통상적으로 "Fourth of July(7월 4일)"라고 부르기도 한다.

독립기념일은 1776년 7월 4일 독립선언문에 서명한 날을 기념하는 날이다. 오늘날의 동부 해안 지역에 해당하는 13개 식민지에 거주하고 있던 당시의 식민지 주민들은 영국 왕과 의회의 부당한 대우에 격분하여 전쟁을 벌였다. 독립전쟁은 1775년 시작되었다. 전쟁이 계속되면서 식민지 주민들은 단순히 더 나은 대우를 받기 위하여 싸우는 것이 아니라 영국의 통치로부터 자유를 지키기 위하여 싸우는 것이라는 사실을 깨닫게 되었다. 13개 식민지 대표들이 서명한 독립선언문은 영국으로부터 자유를 쟁취하기 위한 자신들의 목적을 분명하게 천명했으며 공식 문서에서는 처음으로 미합중국(United States of America)이라는 명칭을 사용하게 되었다.

독립기념일은 가족들이 야유회를 가기도 하고 많은 기념 퍼레이드가 벌어지는 날이다. 또 밤에는 각종 연주회와 불꽃놀이 등의 행사들이 펼쳐진다. 독립기념일에는 현충일이나 다른 공휴일과 마찬가지로 미국 국기를 흔드는 경우가 많다. 1976년 7월 4일에는 독립선언 200주년을 맞아 미국 전역에서 수 많은 대규모 축하 행사가 이루어졌다.

본 자료는 국무부 산하 미국공보처(IIP) 및 기타 미국 정부 자료에서 발췌한 것이다.
[네이버 지식백과] 독립기념일 (미국의 공휴일, 2004, 미국 국무부 | 주한 미국대사관 공보과)

※ 인터넷 검색을 활용합니다.

창의력 문제

Q. 우리나라의 유명한 불꽃축제를 적어보세요.

인터넷에서 자료를 검색하고 복사하여 문서에 붙이기

1 인터넷 네이버 지식백과에서 '미국 독립기념일'을 검색합니다.

2 내용이 나오면 다음과 같이 블록 지정한 후, 마우스 오른쪽 단추를 눌러 [복사]를 클릭합니다.

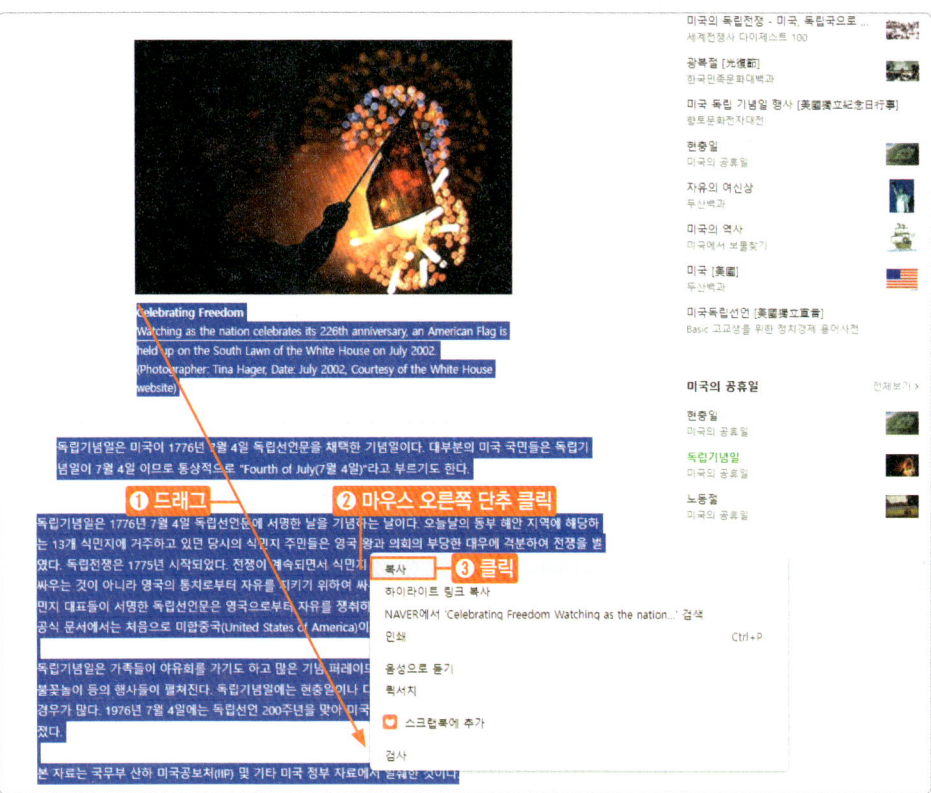

3 한글을 실행한 후, 마우스 오른쪽 단추를 눌러 [붙이기]를 클릭하고 [HTML 문서 붙이기] 대화상자가 나오면 '텍스트 형식으로 붙이기'를 선택한 다음 <확인> 단추를 클릭합니다.

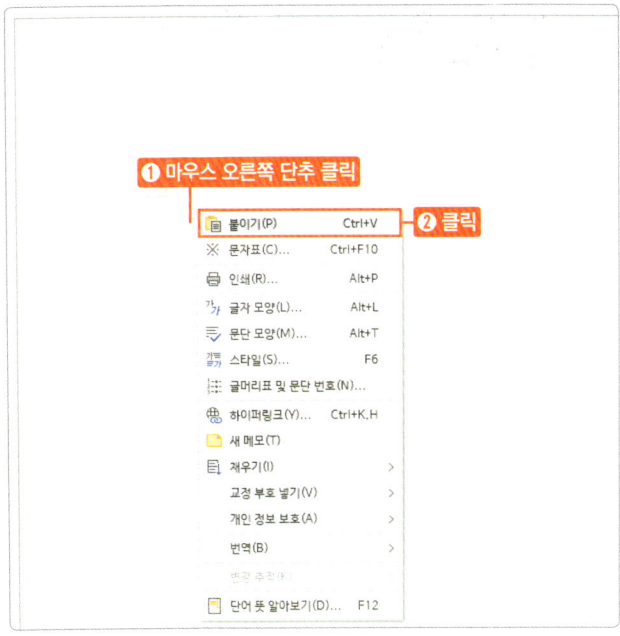
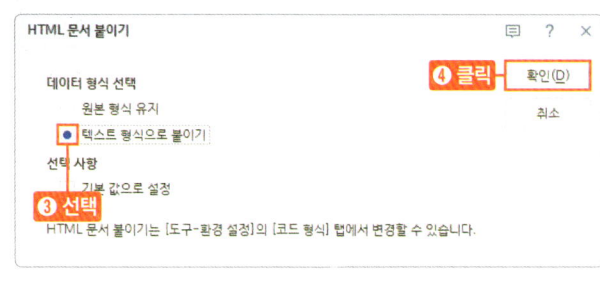

CHAPTER 14 미국 독립기념일 불꽃놀이 • 101

4 첫 줄에 커서를 두고 "미국 독립기념일"을 입력하고 서식을 적용합니다. 이어서, Enter 키를 두 번 누르고 나머지 본문의 서식도 적용합니다.

※ **제목** : 글꼴(함초롬돋움), 크기(15pt), 진하게
　본문 : 글꼴(함초롬돋움), 영어의 내용만 글자 색(빨강)

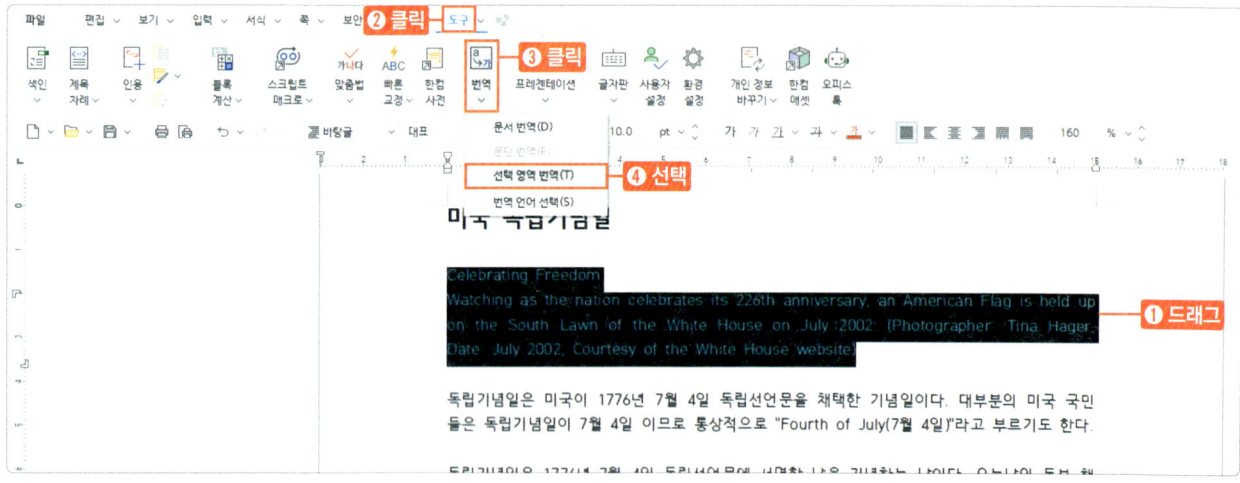

5 영어 부분을 블록 지정한 후, [도구] 탭-[번역( )]-[선택 영역 번역]을 선택합니다. 이어서, 대화상자가 나오면 <번역> 단추를 클릭합니다.

6 오른쪽 [번역] 창에 화면에 번역된 내용이 보입니다. 이어서, 오른쪽 아래에 <삽입>-[문단 아래에 삽입]을 클릭합니다.

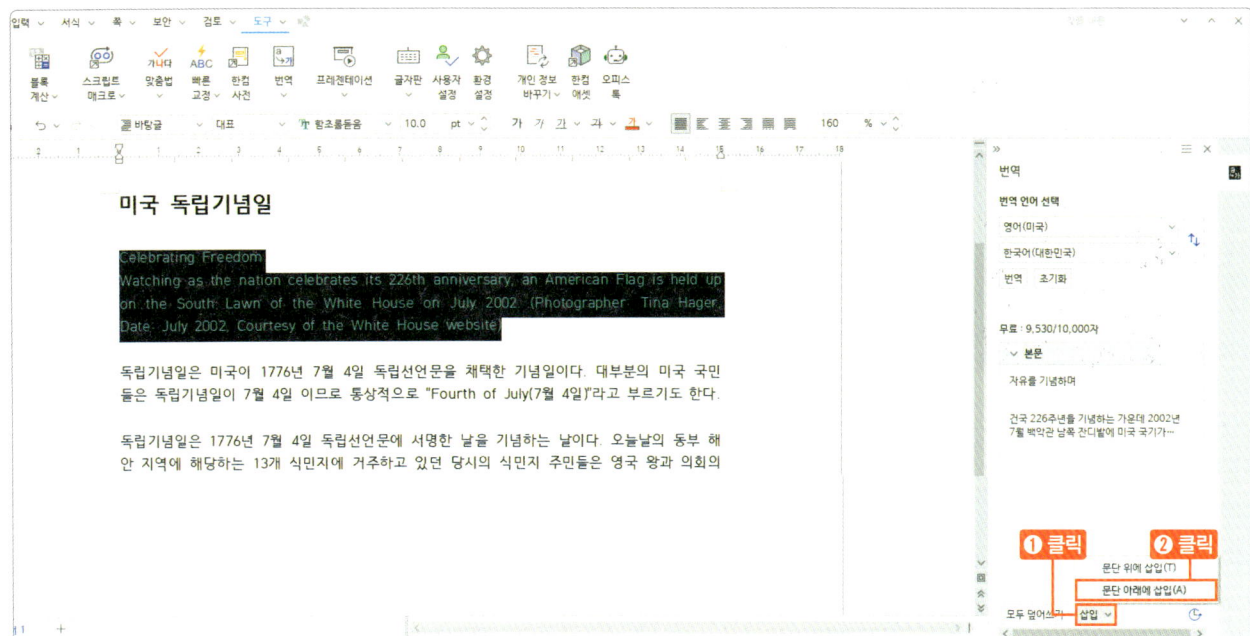

7 문서 영역에 번역된 내용이 삽입됩니다. [번역] 창의 <닫기> 단추를 클릭합니다.

02 그림으로 문서 꾸미기

1 [입력] 탭-[그림( )]을 클릭합니다. 이어서, [그림 넣기] 대화상자가 나오면 [불러올 파일]-[CHAPTER 14]-'불꽃.jpg' 파일을 선택하고 '문서에 포함', '마우스로 크기 지정'을 클릭한 후, <열기> 단추를 클릭합니다.

2 본문에 그림을 삽입한 후, 그림을 더블 클릭합니다. 이어서, [개체 속성] 대화상자가 나오면 [기본] 탭-[크기]에서 '너비(60mm), 높이(130mm), 본문과의 배치(어울림)'으로 지정한 다음 [여백/캡션] 탭-[바깥 여백]에서 '왼쪽(2mm)'를 지정하고 <설정> 단추를 클릭합니다.

3 그림을 드래그하여 다음과 같이 배치해 봅니다.

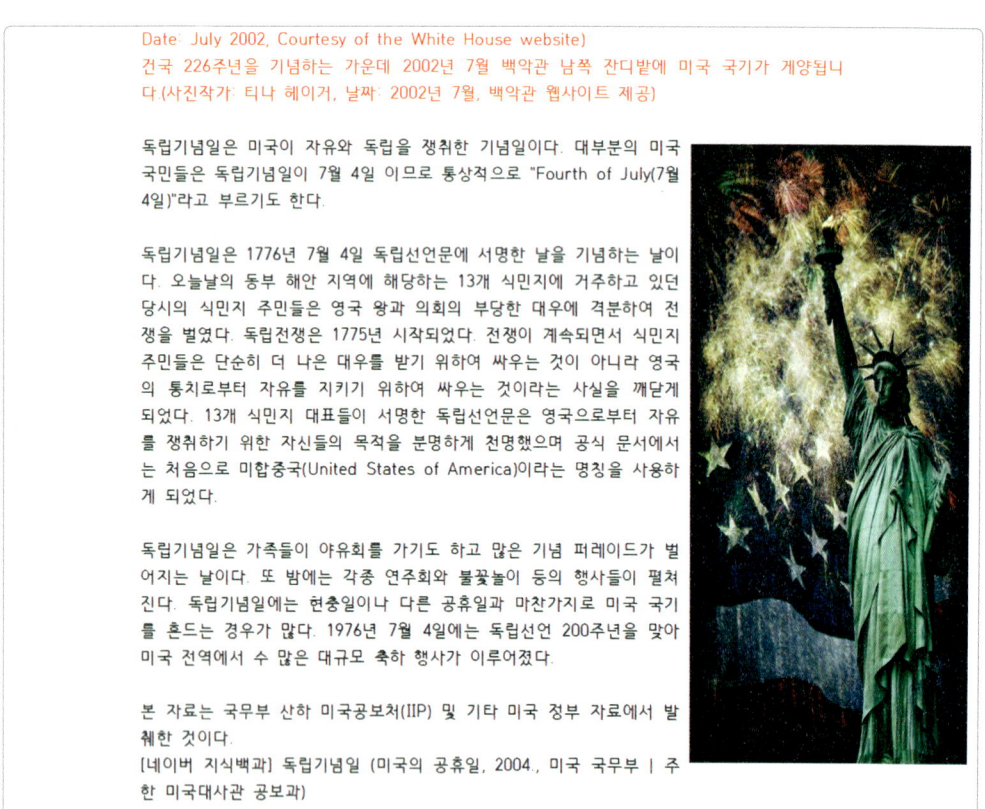

4 모든 작업이 끝나면 [파일] 탭-[저장하기]를 클릭하고 본인의 폴더를 선택합니다. 이어서, 파일 이름을 '미국 독립기념일(홍길동)'으로 저장합니다.

■ 불러올 파일 : 추수감사절.jpg   ■ 완성된 파일 : 14차시 미션(완성).hwpx

MISSION   인터넷을 통해 검색을 하고 내용을 복사합니다.

- 인터넷 네이버 지식백과에서 '미국 추수감사절'을 검색합니다.
- 내용이 나오면 복사하고 한글에서 [붙이기]-[텍스트 형식으로 붙이기]

②
- 제목 : 글꼴(함초롬돋움), 크기(15pt), 진하게
- 본문 : 글꼴(함초롬돋움), 크기(10pt)
- 영어의 내용만 글자 색(빨강), 영어와 한글 사이에 줄 바꿈을 합니다.
- 영어 번역 : [도구] 탭-[번역()]-<번역>-[문단 아래에 삽입]

③ 그림 삽입 : [불러올 파일]-[CHAPTER 14]-'추수감사절.jpg'

인천 펜타포트 락페스티벌

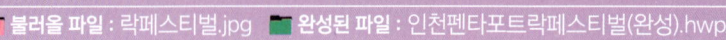

 • 여백 지정, 글자 서식, 그림 스타일

완성작품 미리보기

창의력 문제

※ 인터넷 검색을 활용합니다.

Q. 가보고 싶은 축제나 체험이 있나요? 또는, 가본 축제나 체험 중 친구에게 추천해 주고 싶은 걸 자유롭게 적어볼까요?

01 글자 서식 변경하기

1 [한글 2022]를 실행한 후, [쪽] 탭-[쪽 여백]-'좁게1(머리말/꼬리말 여백포함)'을 선택하고 다음과 같이 글자를 입력합니다.

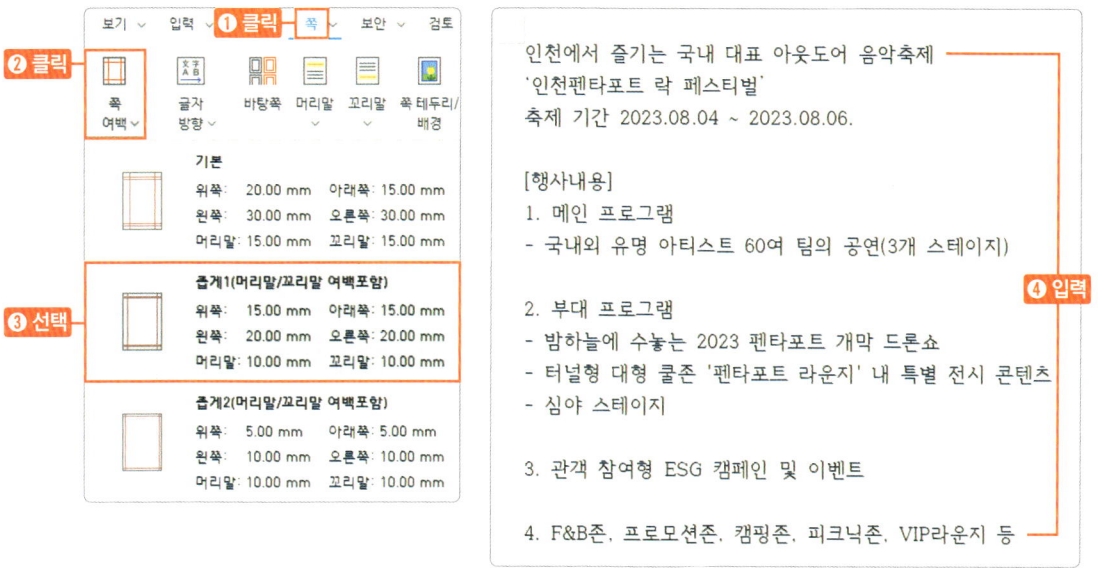

2 '인천에서 즐기는 국내 대표 아웃도어 음악축제'를 블록 지정한 다음 '글꼴(한컴 쿨재즈 B), 크기(32t), 가운데 정렬'을 지정합니다.

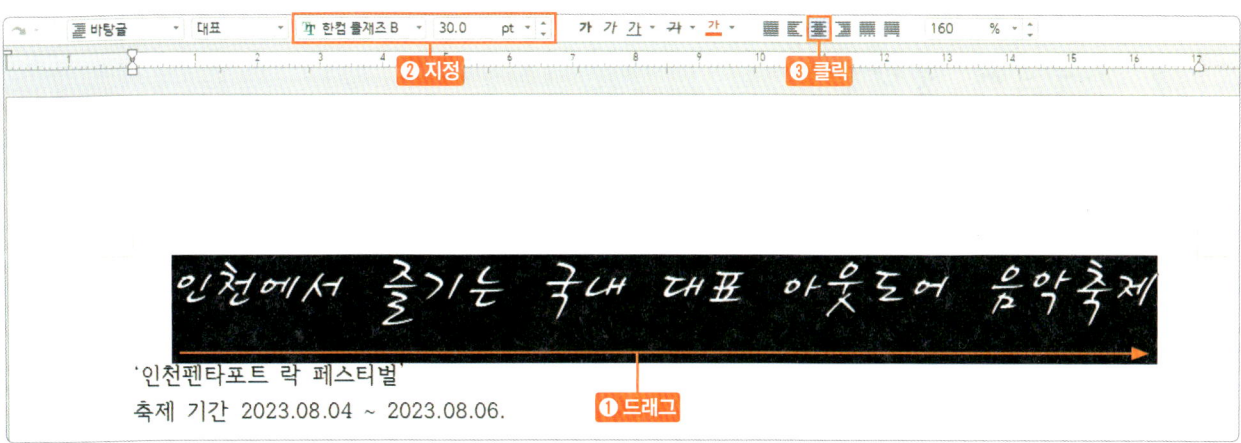

3 '인천펜타포트 락 페스티벌'을 블록 지정한 후, 마우스 오른쪽 단추를 눌러 [글자 모양]을 클릭합니다. 이어서, [글자 모양] 대화상자가 나오면 [기본] 탭에서 '기준 크기(48pt), 글꼴(한컴 쿨재즈 B), 속성(밑줄), 음영 색(주황 80% 밝게)' 선택한 후, <설정> 단추를 클릭한 다음 '가운데 정렬'을 클릭합니다.

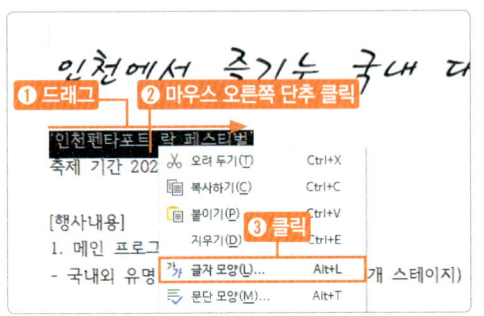
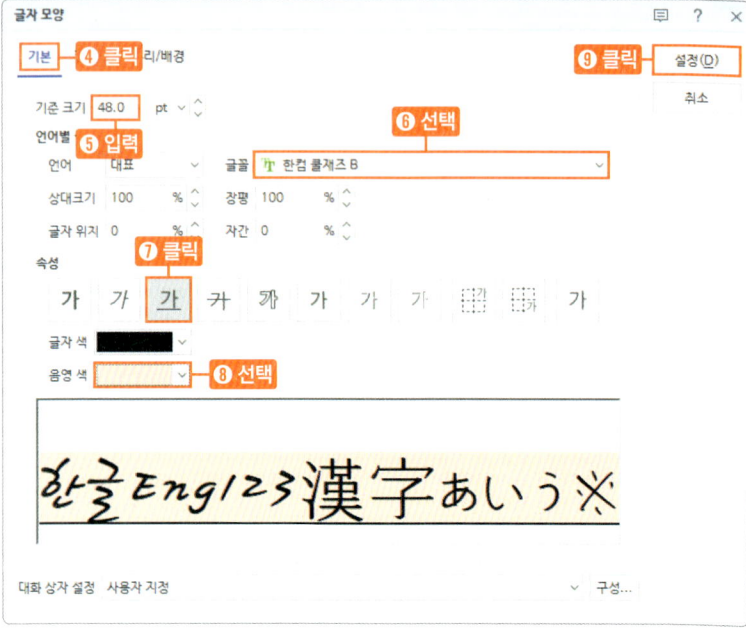

4 '락 페스트벌'을 블록 지정한 후, 마우스 오른쪽 단추를 눌러 [글자 모양]을 클릭합니다. 이어서, [글자 모양] 대화상자 나오면 [확장] 탭-[기타]-'강조점( )'을 선택한 다음 <설정> 단추를 클릭합니다.

※ 한 글자마다 색상을 "빨강, 주황, 초록, 파랑, 보라"로 선택합니다.

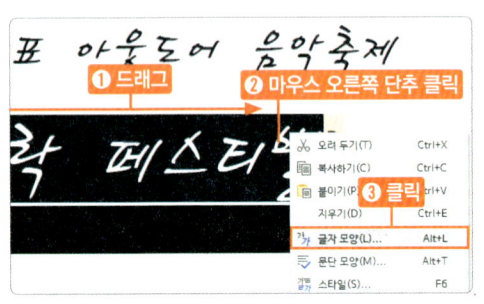

5 본문 내용 '축제 기간 ~ VIP라운지 등' 블록 지정한 다음 서식을 적용합니다.

※ '글꼴(함초롬돋움), 크기(12pt), 진하게, 오른쪽 정렬, 줄 간격(130%)'

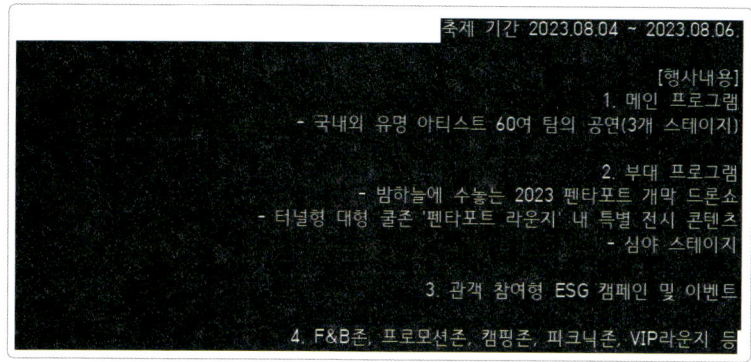

02 글맵시 만들기

1 [입력] 탭-[글맵시( )]의 목록 단추를 클릭합니다. 이어서, '채우기- 파란색 그러데이션, 역갈매기형 수장 모양( )' 선택합니다.

2 [글맵시 만들기] 대화상자가 나오면 내용에 '초대합니다!'를 입력한 후, '글맵시 모양(역갈매기형 수장)', '글꼴(한컴 쿨재즈 B)'를 확인한 다음 <설정> 단추를 클릭합니다.

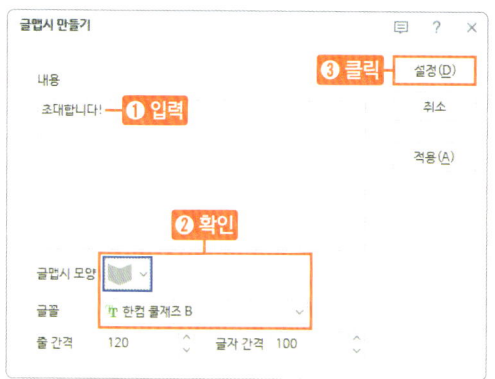

3 글맵시의 크기와 위치를 조절하여 본문의 내용 왼쪽으로 이동합니다.

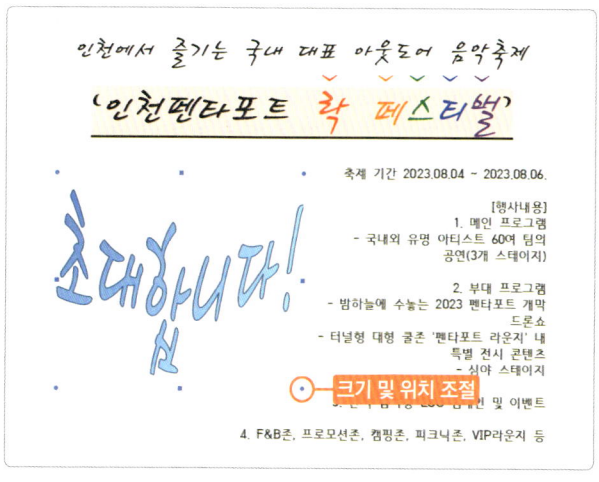

03 그림 삽입하기

1 [입력] 탭-[그림(🌼)]을 클릭합니다. 이어서, [그림 넣기] 대화상자가 나오면 [불러올 파일]-[CHAPTER 15]-'락페스티벌1.jpg' 파일을 선택하고 '문서에 포함', '마우스로 크기 지정'을 클릭한 다음 <열기> 단추를 클릭합니다.

2 문서의 아래로 그림의 위치를 지정합니다. 이어서, [그림(🌷)] 탭에서 '너비(170mm), 높이(90mm)'로 입력한 다음 [그림 스타일]-[회색 아래쪽 그림자]를 선택합니다.

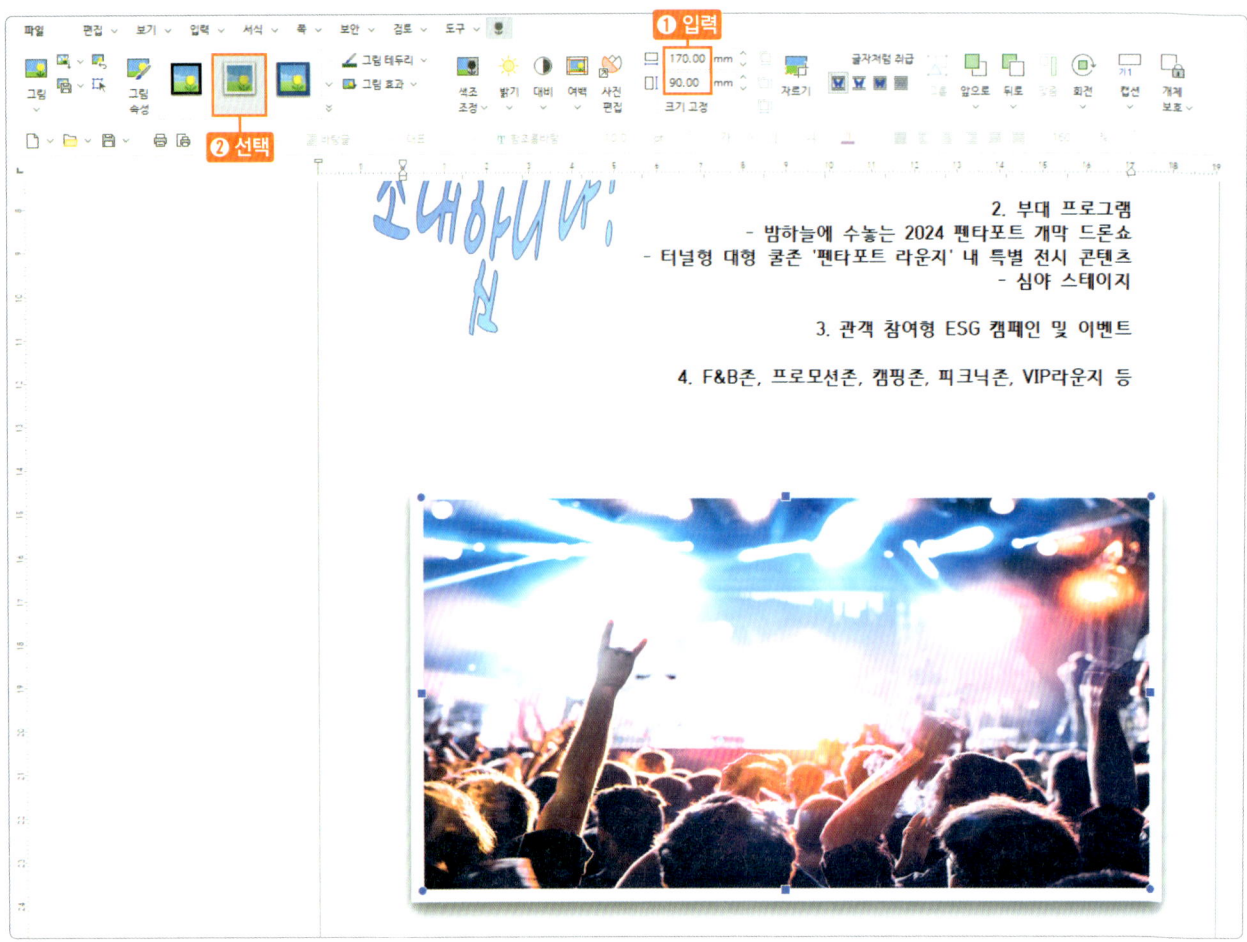

3 모든 작업이 끝나면 [파일] 탭-[저장하기]를 클릭하고 본인의 폴더를 선택합니다. 이어서, 파일 이름을 '인천 락페스티벌(홍길동)'으로 저장합니다.

- 불러올 파일 : 이순신.jpg
- 완성된 파일 : 15차시 미션(완성).hwpx

MISSION 글자 서식과 그림 서식을 지정합니다.

1. **쪽 여백** : '좁게1(머리말/꼬리말 여백포함)'

2. 위 그림 내용을 입력합니다.
   - **제목** : 글꼴(한컴 쿨재즈 B), 크기(48pt), 속성(밑줄), 음영 색(주황80% 밝게), 강조점( ), 한 글자마다 "빨강, 초록, 파랑, 보라"
   - **본문** : 글꼴(함초롬돋움), 크기(12pt), 진하게, 오른쪽 정렬, 줄 간격(180%)

3. **글맵시** : '채우기- 파란색 그러데이션, 역갈매기형 수장 모양'

4. - **그림** : [불러올 파일]-[CHAPTER 15]-'이순신.jpg'
   - 너비(170mm), 높이(90mm), 그림 스타일(검정색 아래쪽 그림자)

PROJECT 02
스페인 토마토 축제

📁 불러올 파일 : 토마토축제.jpg   📁 완성된 파일 : 스페인 토마토 축제(완성).hwpx

사용 기능 • 그리기마당, 그림 글머리표, 그림 스타일

완성작품 미리보기

- 토마토 던지기 축제
- 장소 : 스페인 남동부 발렌시아 주 부뇰 마을
- 일시 : 매년 8월 마지막 주 수요일
- 참가비 : 15유로 (사전예약)
- 시간 : 오전 11시 ~ 12시 (1시간)

창의력 문제   ※ 인터넷 검색을 활용합니다.

Q. 우리나라 토마토 축제도 알아보아요.

 작업지시서

1 그리기마당과 제목 입력하고 서식 지정하기
- 그리기마당 : [설명상자(제목상자)]-'제목상자14'를 선택한 후, 제목을 입력
- 글꼴(한컴 윤체B), 크기(20pt)
- '라 토마티나(La Tomatina)' 글자 색(빨강)
- '라 토마티나' 강조점( )

2 글상자에 본문 입력하기

3 본문 입력과 그림 글머리표 지정하기
- [토마토 ~ 12시(1시간)]은 '글꼴(굴림), 크기(20pt), 진하게, 줄 간격(300%)'
- [그림 글머리표( )]-( ) 모양을 클릭합니다.
  ※ 그림 글머리표 모양을 선택하여 찾습니다.

4 글 상자 테두리를 [선 종류]-'없음'

5 그림 삽입은 [불러올 파일]-[CHAPTER 16]-'토마토축제.jpg'
- [그림 스타일]-'붉은색 이중 반사'

세계유산축전 수원화성

📁 **불러올 파일** : 수원화성1.jpg, 수원화성2.jpg   📗 **완성된 파일** : 세계유산축전 수원화성(완성).hwpx

사용 기능 • 문단 첫 글자 장식, 다단

완성작품 미리보기

세계유산 수원화성으로 떠나는 가을여행!
축제 기간 2023.09.23 ~ 2023.10.14

유네스코 세계유산 수원화성의 생생한 가치를 느낄 수 있는 <세계유산축전 수원화성>이다.
이번 축제에서는 수원화성 축성에 투입된 장인들의 숭고한 가치, 조선시대 백성들의 희로애락, 정조대왕의 애민사상을 공연, 체험, 전시, 교육, 투어 프로그램에 담아냈다. 수원화성 축성과 관련된 원행을묘정리의궤, 화성성역의궤, 정리의궤 등 역사적 기록을 바탕으로 한 다채로운 프로그램을 통해 세계유산 수원화성의 미적 가치를 확산하고 향유하고자 한다. 2023년 가을, 축성 227년의 기억을 오롯이 느낄 수 있는 22일간의 축제의 장이 세계유산 수원화성 일원에서 펼쳐진다.

[행사내용]
- 공연프로그램: 개막공연 '기억의 축성' / 완월연-함께 빛나는 소망의 밤 / 어여차, 장인과 모군 등
- 체험프로그램: 의궤 속 장인마을&축성놀이터 등
- 투어교육프로그램: 수원화성의 기억을 걷다
• 내용은 변동 될 수 있음

창의력 문제   ※ 인터넷 검색을 활용합니다.

Q 우리나라에서 세계 문화유산으로 등록되어 있는 문화유산을 적어봅니다.

 **내용 입력과 다단 설정하기**

1 [한글 2022]를 실행한 후, 내용을 입력하고 서식을 적용합니다.

※ 글꼴(함초롬돋움), 크기(15pt), 제목 내용(진하게), 가운데 정렬

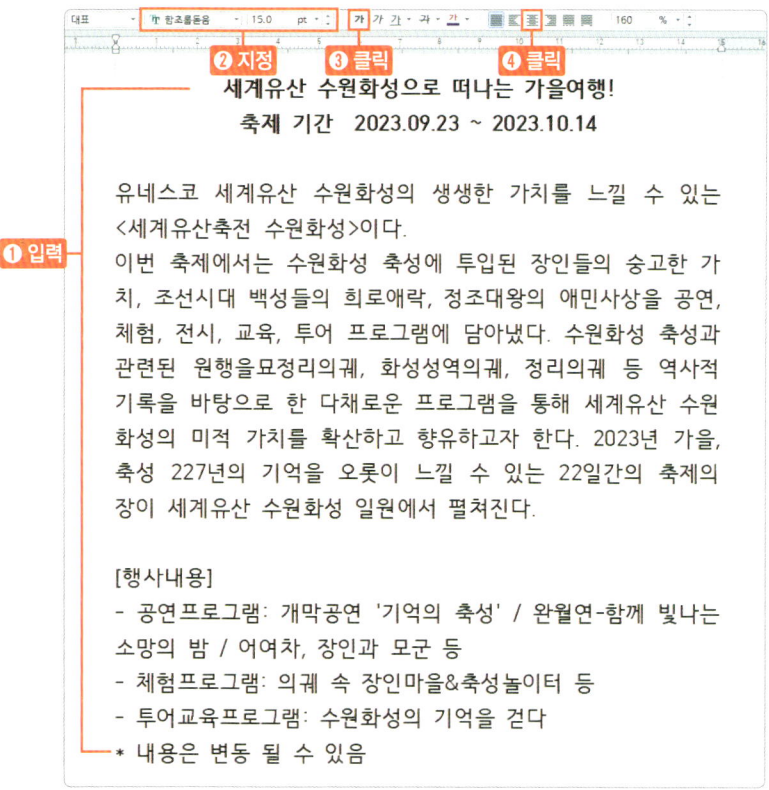

2 '유네스코~펼쳐진다'의 글자를 블록 설정을 하고 [쪽] 탭의 목록 단추를 클릭한 다음 [단]-[다단 설정]을 선택합니다.

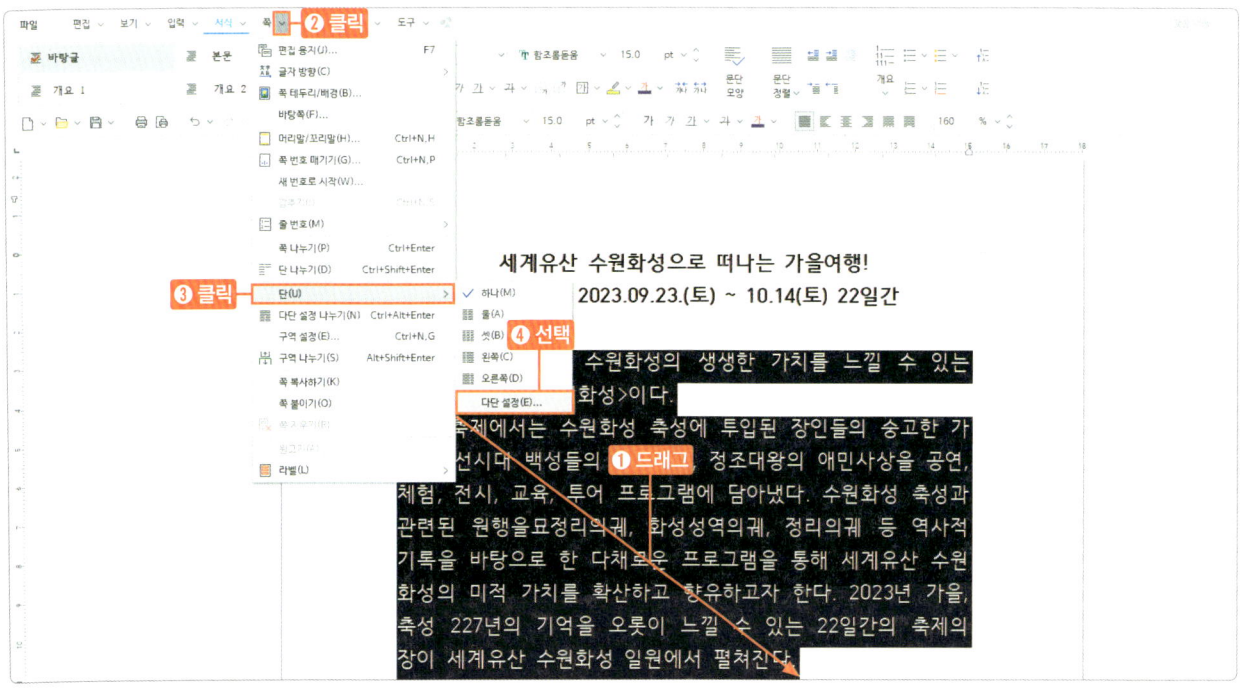

3 [단 설정] 대화상자가 나오면 '자주 쓰이는 모양'에서 '둘'을 선택한 후, '구분선 넣기'를 체크한 다음 <설정> 단추를 클릭합니다.

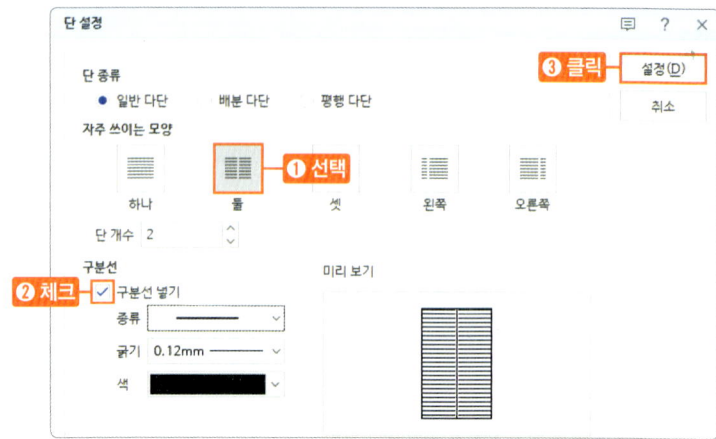

02 문단 첫 글자 장식

1 '유' 앞에 커서를 위치하고 [서식] 탭-[문단 첫 글자 장식(갈)]을 클릭합니다.

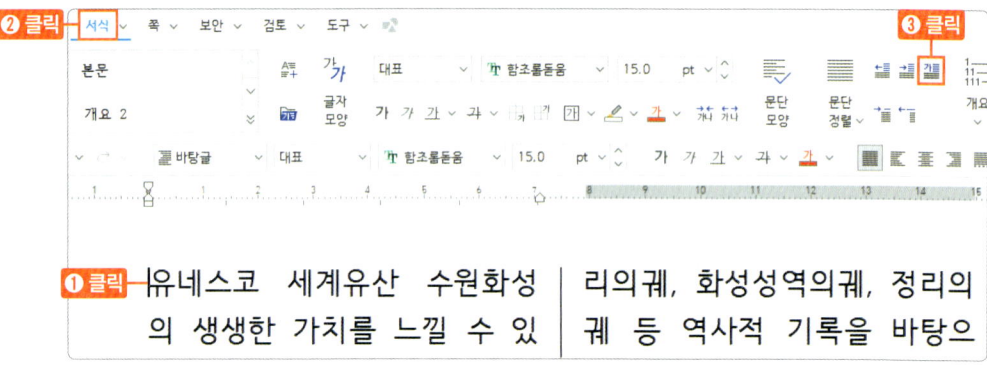

2 [문단 첫 글자 장식] 대화상자가 나오면 '모양(2줄), 글꼴(함초롬돋움), 면 색(노랑)'으로 지정한 후, <설정> 단추를 클릭합니다.

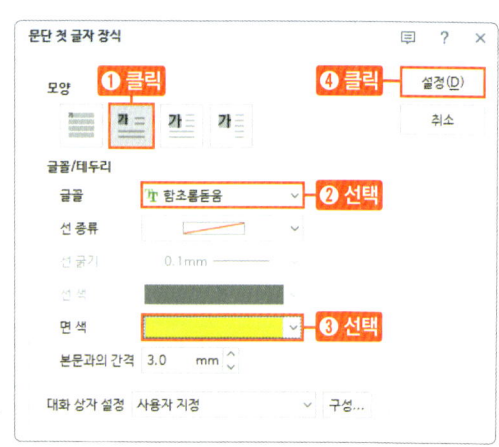

03 그림 삽입하기

1 [입력] 탭-[그림( )]을 클릭한 다음 [그림 넣기] 대화상자가 나오면 [불러올 파일]-[CHAPTER 17]-'수원화성1.jpg' 파일을 선택하고 '문서에 포함', '마우스로 크기 지정'을 클릭한 후, <열기> 단추를 클릭합니다.

2 그림을 문서의 아래쪽에 배치하고 '너비( ) 70mm, 높이( ) 45mm'로 지정합니다. 같은 방법으로 '수원화성2.jpg'도 삽입하고 크기와 위치를 조절합니다.

3 모든 작업이 끝나면 [파일] 탭-[저장하기]를 클릭하고 본인의 폴더를 선택합니다. 이어서, 파일 이름을 '세계유산축전 수원화성(홍길동)'으로 저장합니다.

미션 수행하기

📁 불러올 파일 : 17차시 미션.hwpx   📁 완성된 파일 : 17차시 미션(완성).hwpx

MISSION 문단 첫 글자 장식과 다단을 설정합니다.

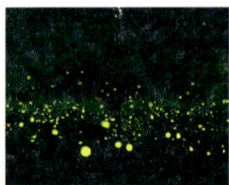
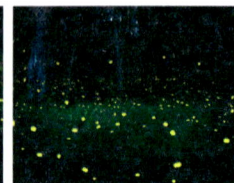

1. • '17차시 미션.hwpx' 파일을 불러온 다음 글꼴(함초롬돋움), 크기(12pt)
   • **제목 내용** : 글꼴(15pt), 진하게, 가운데 정렬

2. • '생태문화축제~체험할 수 있다.' 부분을 다단 적용
   • '자주 쓰이는 모양'에서 '둘'을 선택한 후, '구분선 넣기'를 체크

3. • '생' 앞에 커서를 위치하고 문단 첫 글자 장식을 지정
   • 글꼴(함초롬돋움), 모양(2줄), 면 색(노랑)

4. 그림 삽입 : [불러올 파일]-[CHAPTER 17]-'반딧불이1.jpg, 반딧불이2.jpg'

MEMO

CHAPTER 18 — 세계 3대 축제

📁 불러올 파일 : 브라질.jpg, 독일.jpg, 일본.jpg   📁 완성된 파일 : 세계 3대 축제(완성).hwpx

사용 기능 • 쪽 테두리/배경, 각주 삽입, 글자 모양

완성작품 미리보기

세계 3대 축제모음

브라질 리우데자네이루 카니발[1]는 브라질 항구도시 리우데자네이루에서 열리는 카니발
독일 옥토버 페스티벌[2]는 뮌헨에서 열리는 민속 축제이자 맥주 축제
삿포로 눈 축제[3]는 홋카이도 삿포로에서 열리는 일본 최대의 겨울 축제

1) 보통 매년 1월 말에서 2월 사이에 사순절 전날에 끝남
2) 매년 9월 ~ 10월
3) 매년 2월 5일부터 7일간

창의력 문제   ※ 인터넷 검색을 활용합니다.

Q 세계 7대 불가사의를 적어봅니다.

• 작품만들기 한글 2022

쪽 테두리/배경을 지정한 후, 글자 모양을 변경합니다.

1 [보기] 탭-[쪽 맞춤(□)]을 클릭합니다.

2 [쪽] 탭-[가로(▤)] 클릭한 후, 쪽 테두리/배경(▨)을 클릭합니다. 이어서, 대화상자가 나오면 [테두리] 탭-[테두리]-'종류(이점쇄선), 굵기(1mm), 색(하늘색), 모두'를 지정합니다.

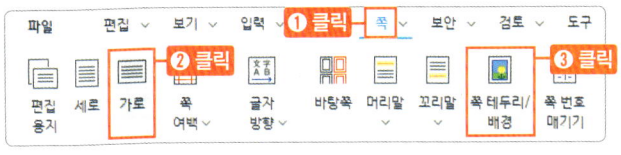
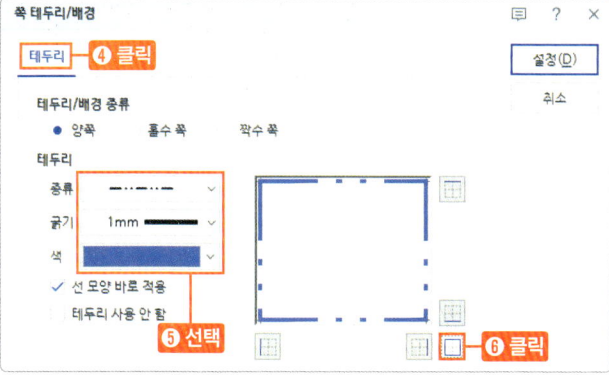

3 [배경] 탭-[그러데이션]에서 '시작 색(하양), 끝 색(하늘색 80% 밝게), 유형(세로), 채울 영역(테두리)'를 지정하고 <설정> 단추를 클릭합니다.

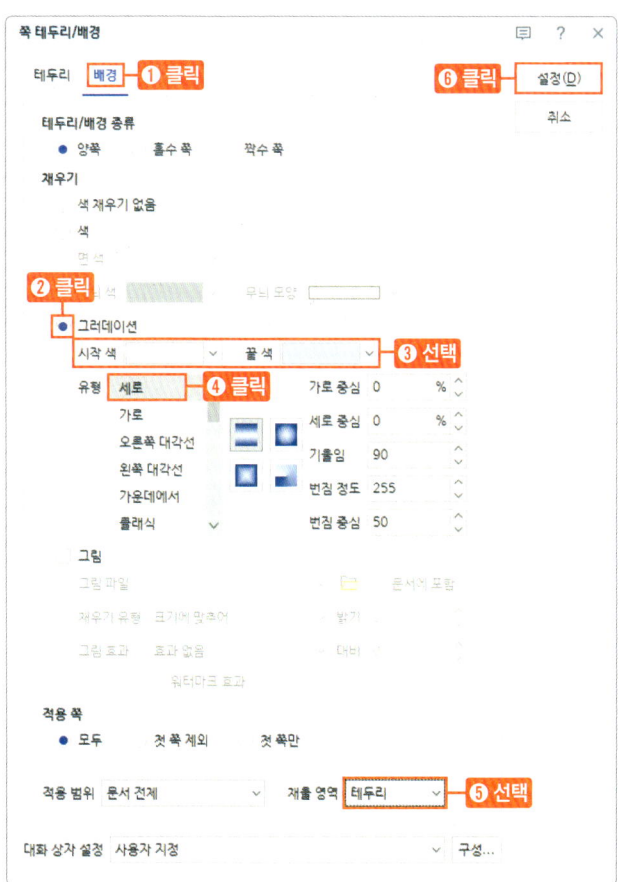

4 다음과 같이 글자를 입력한 후, '세계 3대 축제모음'을 블록 지정한 다음 [서식] 도구 상자에서 '글꼴(궁서체), 크기(48pt), 진하게'를 지정합니다.

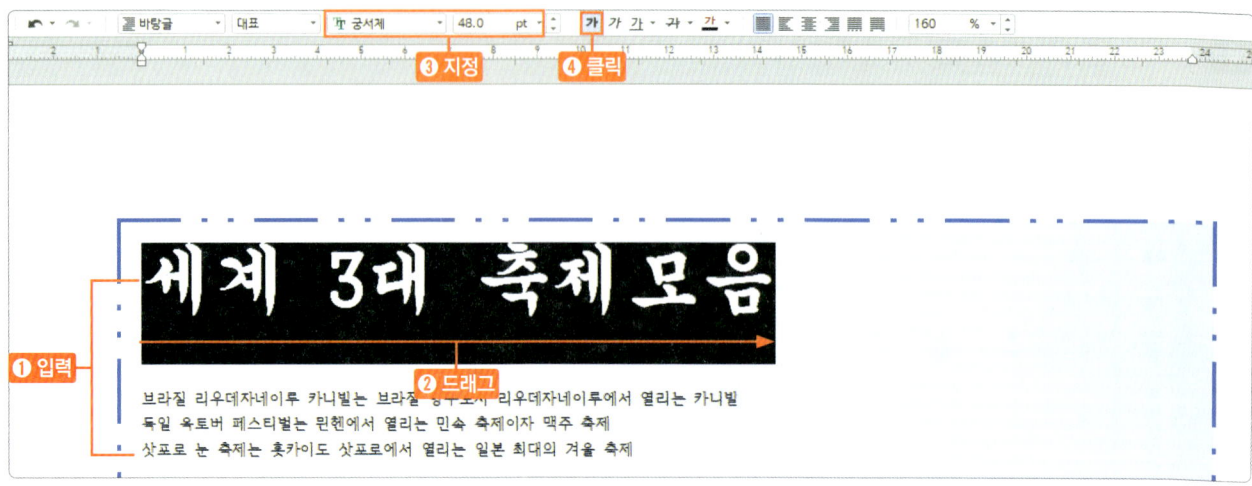

5 같은 방법으로 '브라질~겨울 축제'까지 블록 지정하여 '글꼴(휴먼옛체), 크기(16pt)'를 지정합니다.

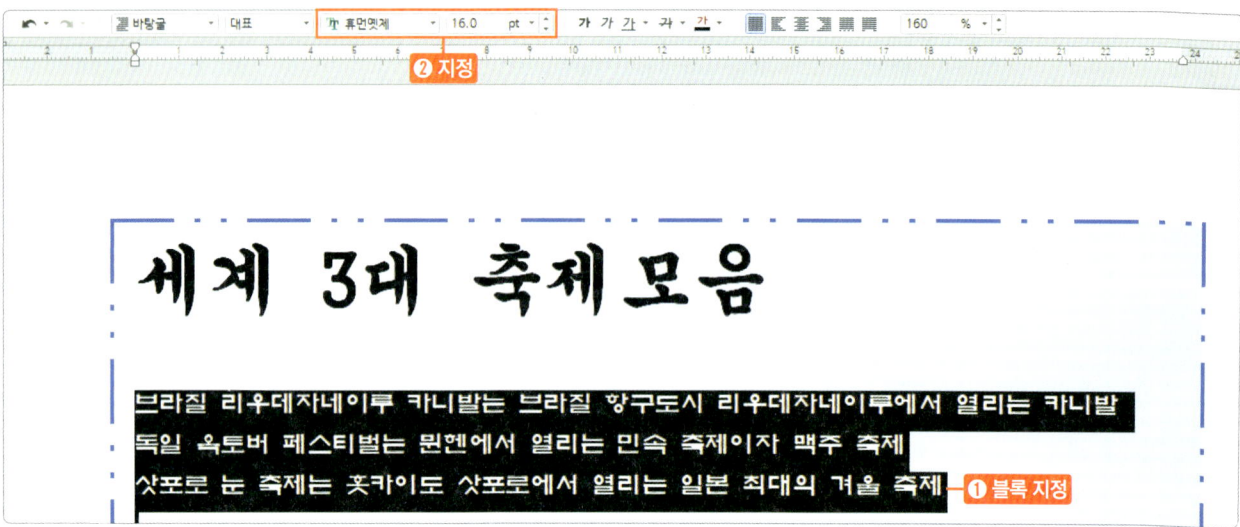

02 각주 삽입하고 글자 모양을 변경합니다.

1 본문의 '카니발'의 '발' 뒤를 클릭합니다. 이어서, [입력] 탭-[각주()]를 클릭합니다.

2 각주 입력 창이 활성화 되면 내용을 입력 합니다. 이어서, 입력한 각주 내용을 블록 지정한 다음 [서식] 도구 상자에서 글꼴(궁서체), 크기(12pt)를 지정합니다.

※ 내용 : 보통 매년 1월 말에서 2월 사이에 사순절 전날에 끝남

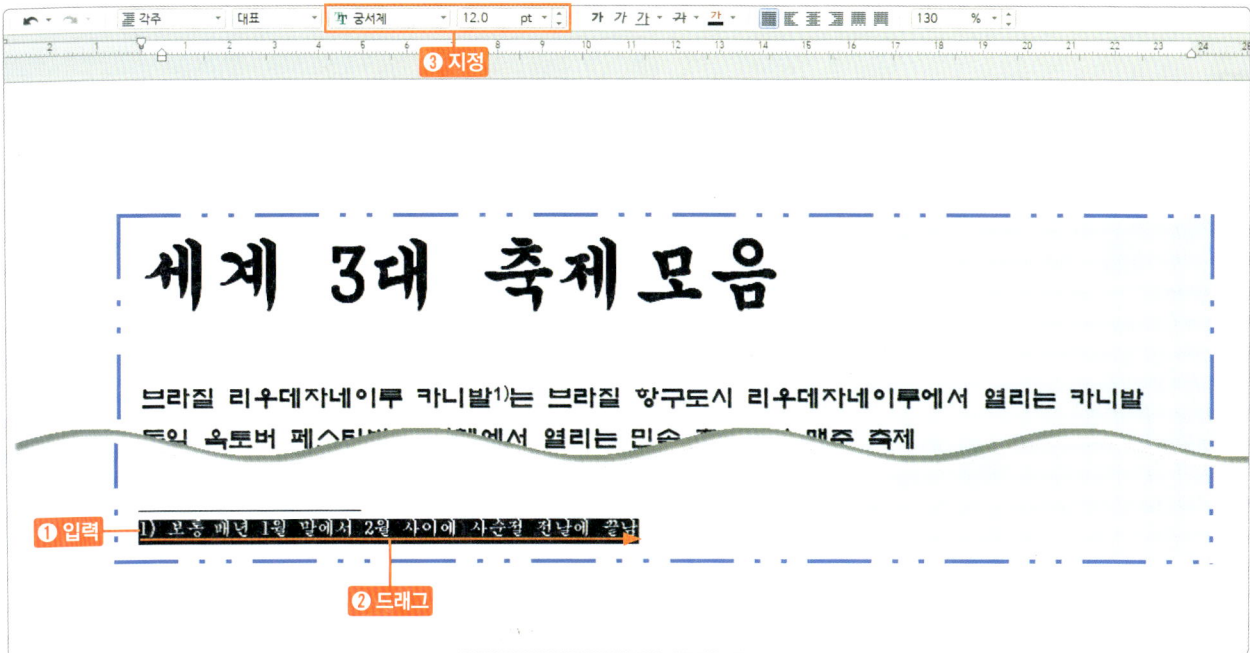

3 같은 방법으로 본문의 '페스티벌'의 '벌' 뒤에는 "매년 9월 ~ 10월"을 입력하고 '눈 축제'의 '제' 뒤에는 "매년 2월 5일부터 7일간"을 입력합니다.

※ 글꼴(궁서체), 크기(12pt)

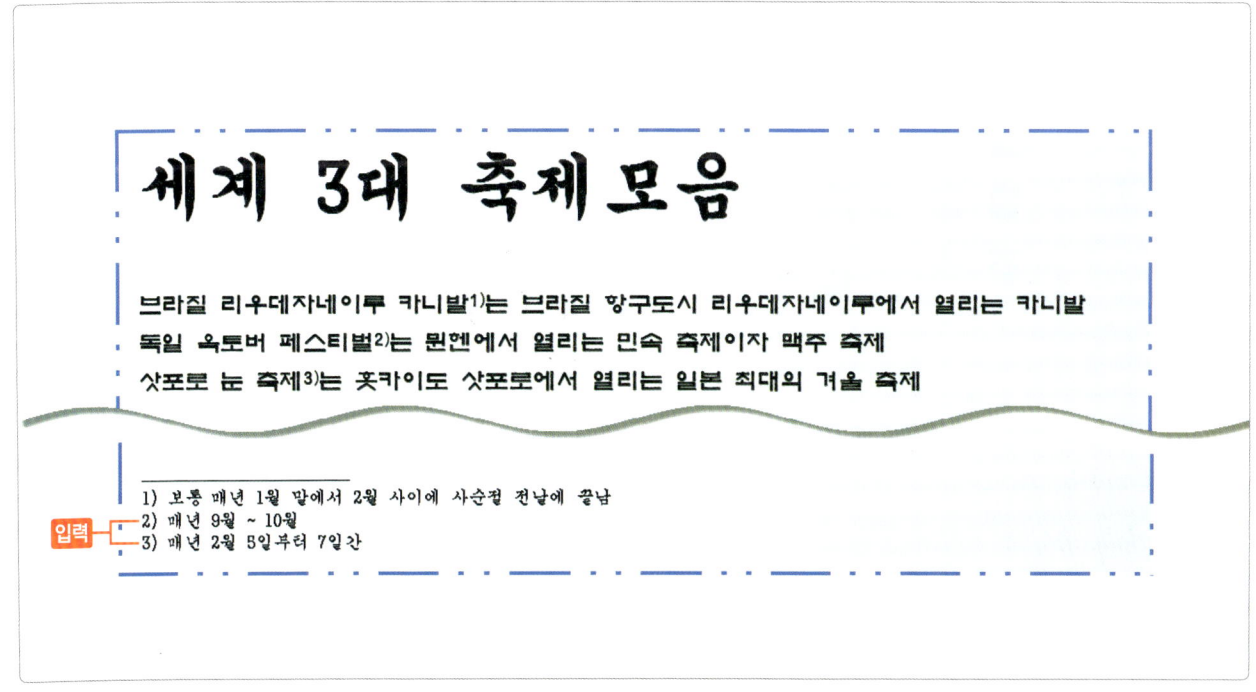

03 그림 삽입하고 편집하기

1. 그림 삽입으로 '브라질.jpg', '독일.jpg, 일본.jpg' 그림을 삽입하고 배치합니다.

2. Shift 키를 이용하여 3개의 그림을 선택한 후, [그림] 탭에서 '너비와 높이 50mm'으로 지정한 후, [맞춤]-[위쪽 맞춤]을 선택하고 [가로 간격을 동일하게]를 선택합니다.

3. 그림 스타일에서 '회색 그림자 옅은 테두리'를 선택합니다.

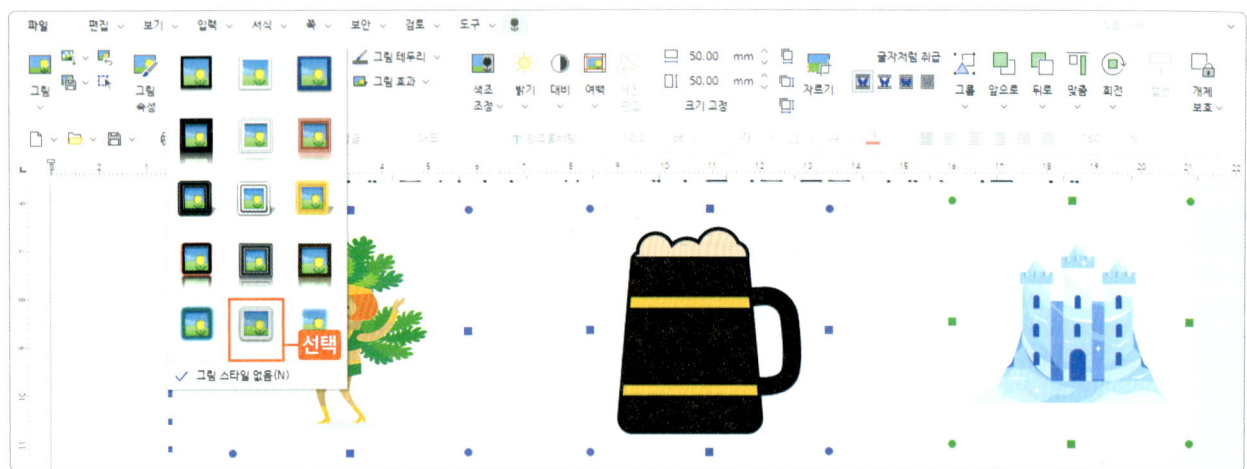

4. 모든 작업이 끝나면 [파일] 탭-[저장하기]를 클릭하고 본인의 폴더를 선택합니다. 이어서, 파일 이름을 '세계 3대 축제(홍길동)'으로 저장합니다.

■ 불러올 파일 : 나이아가라.jpg, 이과수.jpg, 빅토리아.jpg   ■ 완성된 파일 : 18차시 미션(완성).hwpx

 쪽 배경과 테두리를 지정하고, 각주를 입력한 다음 그림의 위치를 맞춤합니다.

세계 3대 폭포

나이아가라[1] 폭포는 높이 52m 너비 1.2km
이과수[2] 폭포는 높이 70m 너비 2.7km
빅토리아[3] 폭포는 높이 108m 너비 1.7km

1) 캐나다와 미국
2) 브라질과 아르헨티나
3) 잠비아와 짐바브웨

1 편집 용지를 가로로 변경하고 쪽 맞춤을 합니다.

2 [쪽/테두리 배경]의 '테두리 종류(이점쇄선), 굵기(1mm), 색(하늘색), 모두', [배경]은 [그러데이션]에서 '시작 색(하양), 끝 색(하늘색 80% 밝게), 유형(세로), 채울 영역(테두리)'를 선택합니다.

3 • 내용을 입력한 후, 제목은 '글꼴(궁서체), 크기(48pt), 진하게'
  • 본문 내용은 '글꼴(휴먼옛체), 크기(16pt)'

4 각주의 내용을 입력하고 '글꼴(돋움), 크기(12pt)'

5 • [불러올 파일]-[CHAPTER 18]-'나이아가라.jpg, 이과수.jpg, 빅토리아.jpg'를 삽입한 후, [그림] 탭-[맞춤]-[위쪽 맞춤], [가로 간격을 동일하게]
  • 그림 스타일은 '에메랄드색 네온'

한글 한마당

📁 불러올 파일 : 세종대왕.jpg   📁 완성된 파일 : 한글 한마당(완성).hwpx

사용 기능 • 도형 삽입, 선 그리기, 도형 정렬

완성작품 미리보기

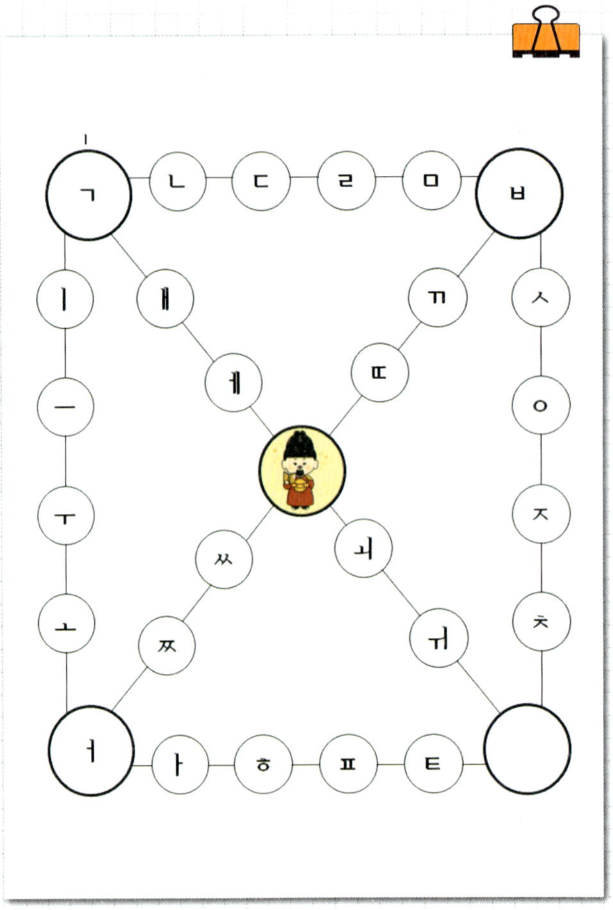

창의력 문제

※ 인터넷 검색을 활용합니다.

Q "반갑습니다" 라는 말을 영어, 중국어, 스페인어로 인터넷에서 검색한 다음 적어보세요.

 ## 도형 복사하고 맞춤하여 간격을 같게 만들기

1 한글이 실행되면 [보기] 탭-[쪽 맞춤(□)]을 선택합니다.

2 [입력] 탭-[직사각형(□)]을 선택한 다음 아래와 같이 드래그하여 그립니다. 너비(□) 165mm, 높이(□I) 200mm로 지정합니다.

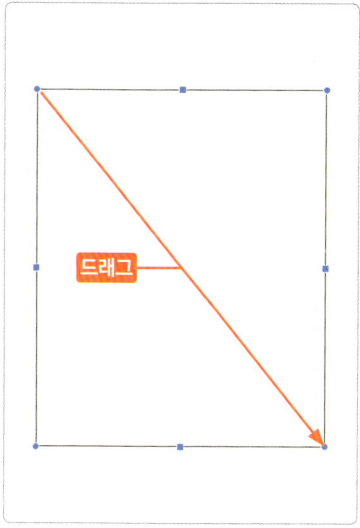

3 직선을 선택하여 직사각형 안에 직선(\)으로 사선을 그려줍니다.

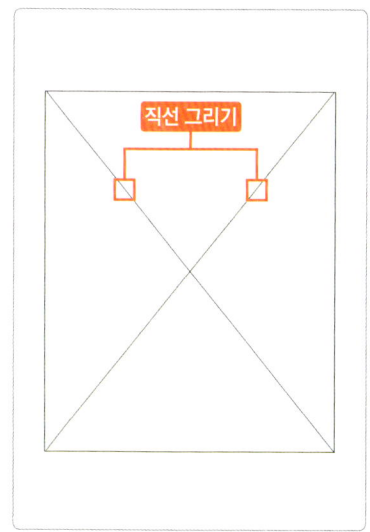

4 타원(○)을 선택하고 모서리 한쪽에 그려준 다음 더블 클릭합니다. 이어서, [개체 속성] 대화상자가 나오면 [기본] 탭-[크기]에서 '너비(30mm), 높이(30mm)'로 지정한 후, [선] 탭-[선]에서 '굵기(1.0mm)'로 입력한 다음 <설정> 단추를 클릭합니다.

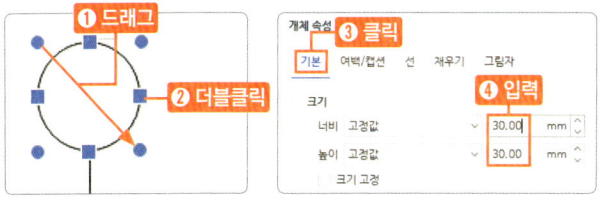 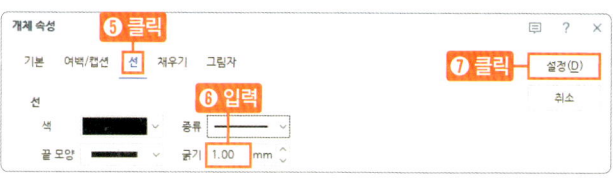

TiP Shift 키를 누르면서 드래그하면 정원이 그려집니다.

5 타원(○)을 클릭하고 마우스 오른쪽 단추를 눌러 [도형 안에 글자 넣기]를 클릭합니다. 이어서, [서식] 도구 상자에서 '글자 크기(24pt), 진하게, 가운데 정렬'을 클릭합니다.

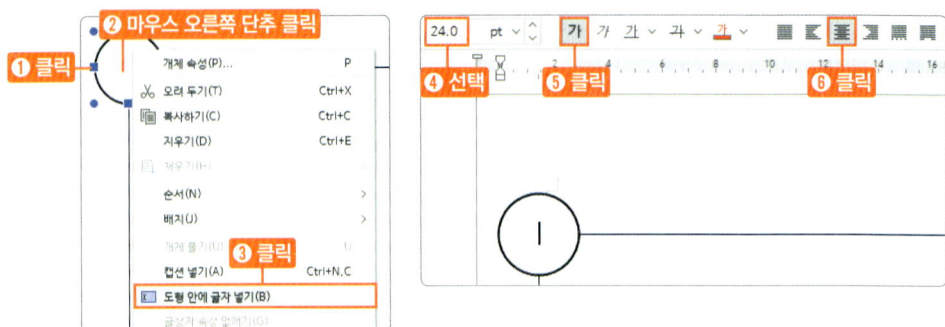

6 이어서, 타원을 각 모서리와 정 중앙으로 Ctrl + 드래그하여 복사합니다.

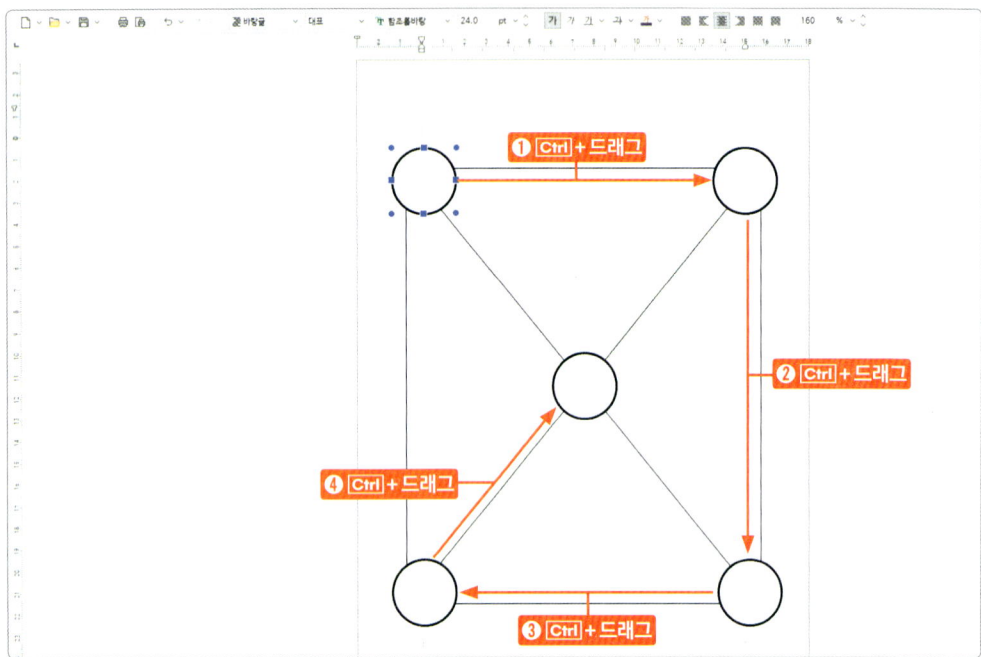

7 타원을 선택하여 직선 사이에 드래그하여 그려준 다음 '너비(□)와 높이(□)를 20mm'로 변경합니다. 이어서, 도형 안에 글자 넣기를 이용하여 '글자 크기(24pt), 진하게, 가운데 정렬'을 클릭합니다.

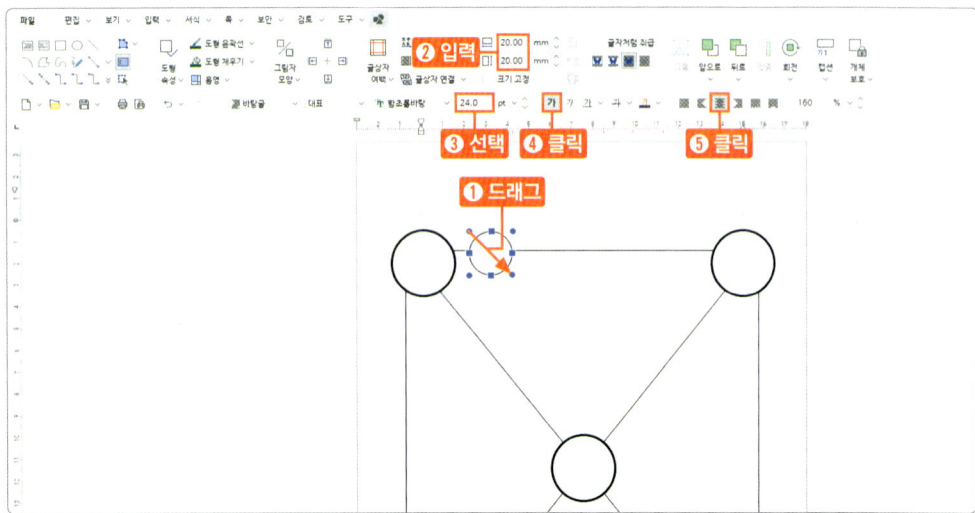

• 작품만들기 **한글 2022**

8 그림과 같이 타원을 복사하여 배치합니다. 이어서, 도형이 선택된 상태에서 [도형( )] 탭-[맞춤( )]- '가로 간격을 동일하게( )'를 선택한 다음 4개의 타원을 아래쪽으로 복사합니다.

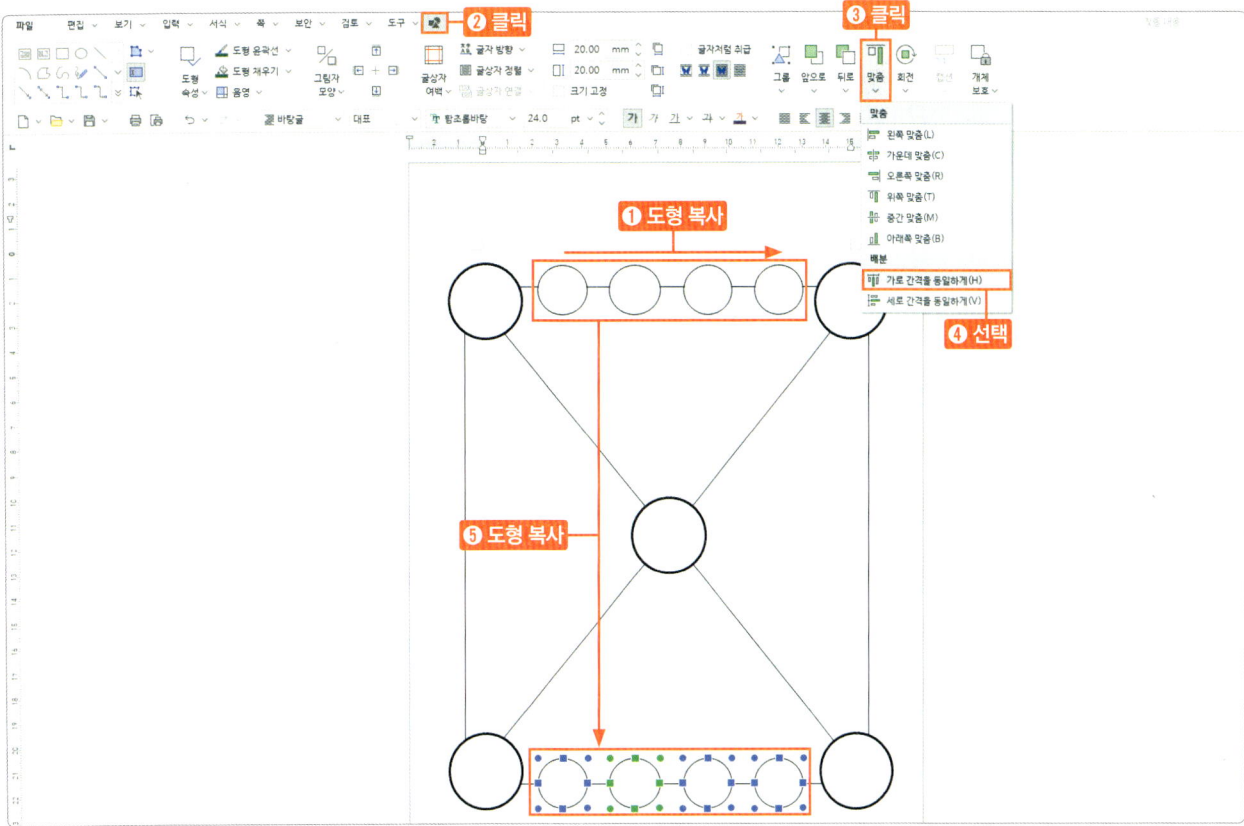

9 그림과 같이 타원을 복사하여 배치합니다. 이어서, 도형이 선택된 상태에서 [도형( )] 탭-[맞춤( )]- '세로 간격을 동일하게( )'를 선택한 다음 4개의 타원을 오른쪽으로 복사합니다.

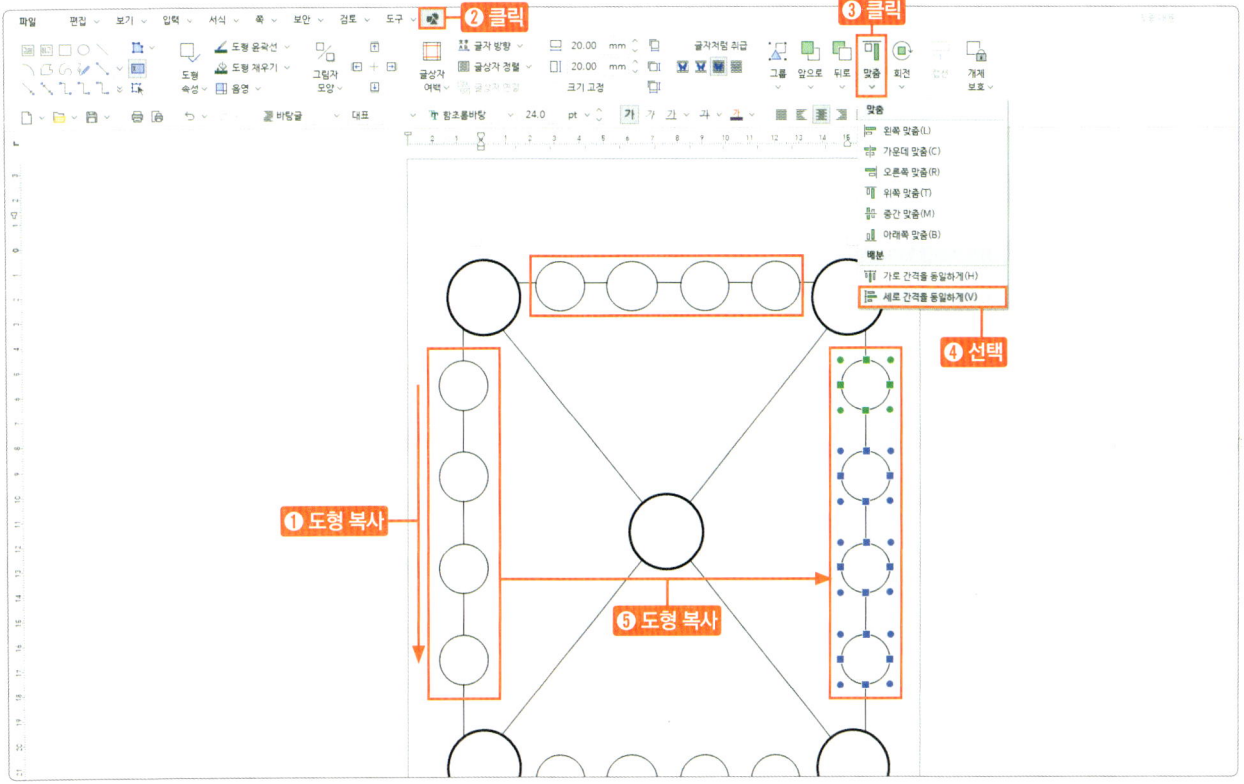

CHAPTER 19 한글 한마당 • 129

10 아래 그림과 같이 사선 위의 타원을 배치한 다음 글자를 입력합니다.

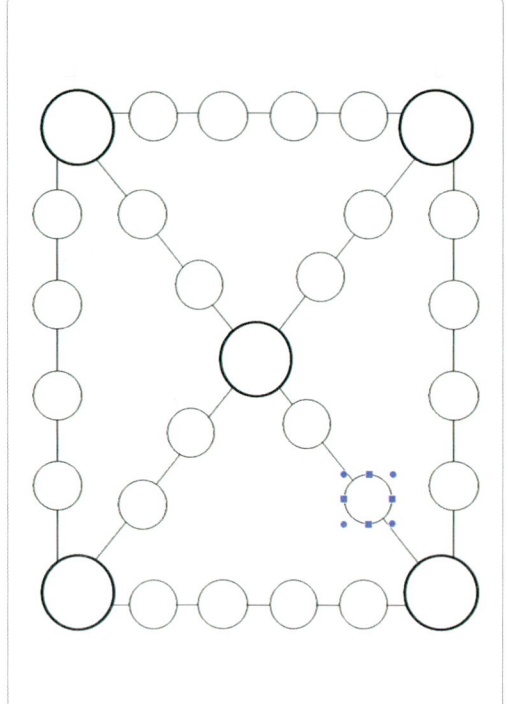 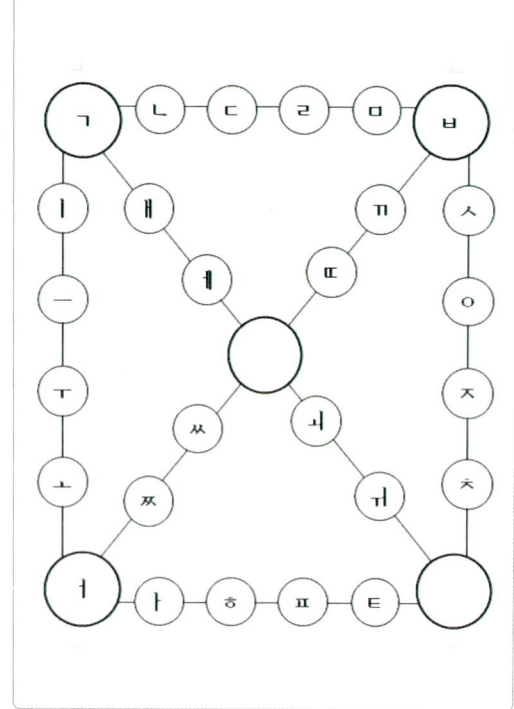

11 정 중앙의 도형은 더블 클릭하여 [개체 속성] 대화상자가 나오면 [채우기] 탭-[그림]-[그림 선택]-[불러올 파일]-[CHAPTER 19] – '세종대왕1.jpg' 파일을 선택하고 '문서에 포함'한 후, <설정> 단추를 클릭합니다.

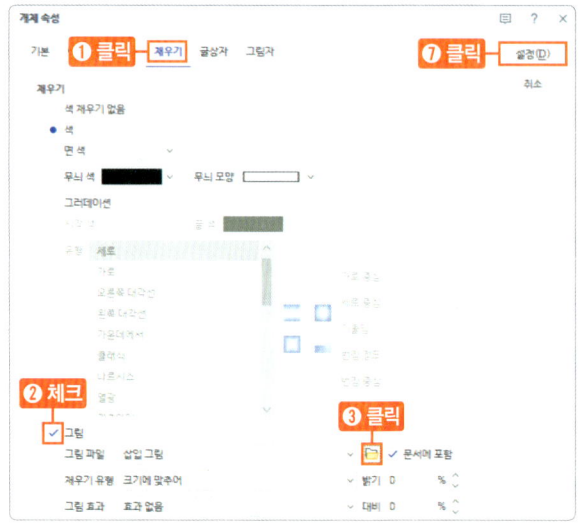 

12 모든 작업이 끝나면 [파일] 탭-[저장하기]를 클릭하고 본인의 폴더를 선택합니다. 이어서, 파일 이름을 '한글 한마당(홍길동)'으로 저장합니다.

■ 불러올 파일 : 세종대왕2.jpg   ■ 완성된 파일 : 19차시 미션(완성).hwpx

 도형의 타원과 선으로 마인드맵을 만듭니다.

1. 직선(⬚)으로 그림과 같이 그려줍니다.

2. • 타원(⬚)을 선택하여 직선 끝에 그린 다음 '너비(50mm), 높이(30mm), 선 굵기(1.0mm)'로 지정합니다.
   • 정중앙의 타원 도형은 '너비와 높이를 60mm'로 지정합니다.

3. 타원을 복사하여 그림과 같이 배치합니다.

4. • 글자를 입력하고자 하는 타원을 선택한 다음 내용을 입력합니다.
   • '글꼴(함초롬바탕), 크기(24pt), 진하게'

5. 정 중앙 도형의 채우기 그림은 [불러올 파일]-[CHAPTER 19]-'세종대왕2.jpg' 파일을 선택합니다.

마스카라 페스티벌

📁 불러올 파일 : 마스카라.jpg   📁 완성된 파일 : 마스카라 페스티벌(완성).hwpx

사용 기능
- 그리기마당, 그림 삽입, 캡션 넣기

완성작품 미리보기

마스카라 페스티벌

필리핀 설탕 산업의 중심지이던 필리핀 동부 네그로스 섬의 바콜로드 시에서 매년 10월에 열리는 가면 축제로, 1980년에 시작됐다. 축제 명칭 '마스카라'(Masskara)는 '대중','군중'을 의미하는 영어mass에 '얼굴'을 의미하는 에스파냐어kara를 붙여 만든 합성어다. 즉 '마스카라'는 '미소 짓거나 웃는 많은 얼굴들'이라는 의미로, 초기부터 축제의 슬로건이던 '미소의 도시'(CityofSmilingFaces)의 의미를 반영한 것이다. 이처럼 영어와 에스파냐어를 혼합한 명칭을 고안해낸 이는 화가이며 바콜로드 예술협회 회장이던 엘리 산티아고(ElySantiago)였다. 한편 '마스카라'(maskara)는 필리핀의 주요 언어인 타갈로그어로 '가면'을 뜻하기도 한다.

그림 1 마스카라 페스티벌 마스크

창의력 문제   ※ 인터넷 검색을 활용합니다.

Q 가면으로 하는 페스티벌이나 카니발은 세계적으로 또 무엇이 있을까요?

01 도형을 이용하여 문서 배경으로 만들기

1 한글이 실행되면 [보기] 탭-'쪽 맞춤(□)', [쪽] 탭-'가로(▤)'로 용지의 방향을 설정합니다.

2 [입력] 탭-[그림(🌼)]-[그리기마당(M)]에서 '기본도형'을 클릭하여 '직각 삼각형'을 선택한 후, <넣기> 단추를 클릭합니다. 이어서, 마우스 포인터가 ✚ 모양으로 변경되면 그림과 같이 드래그하여 삽입합니다.

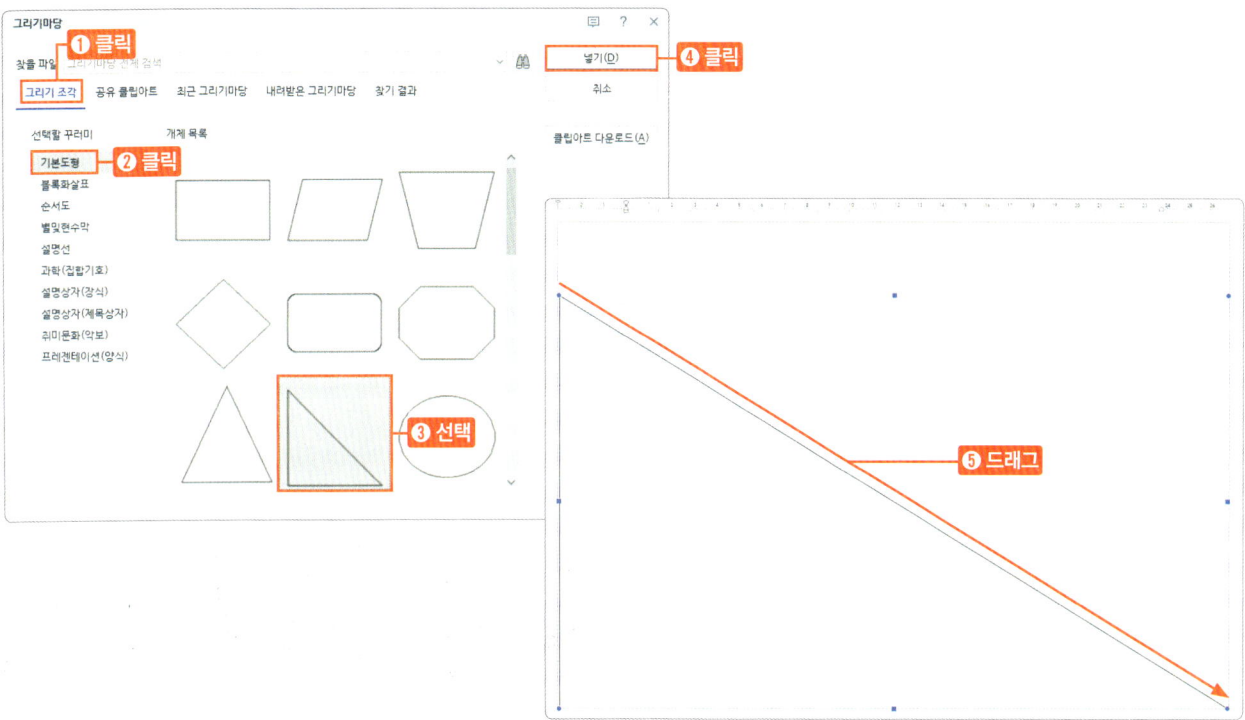

3 '직각 삼각형'을 더블 클릭하여 [개체 속성] 대화상자가 나오면, [선] 탭-[선]에서 '종류(없음)'을 선택합니다. 이어서, [채우기] 탭-[그러데이션]에서 '시작 색(하양), 끝 색(노랑 60% 밝게), 유형(세로)'를 선택한 다음 <설정> 단추를 클릭합니다.

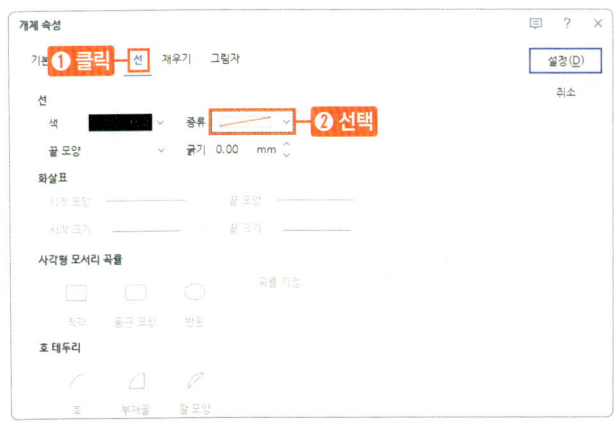
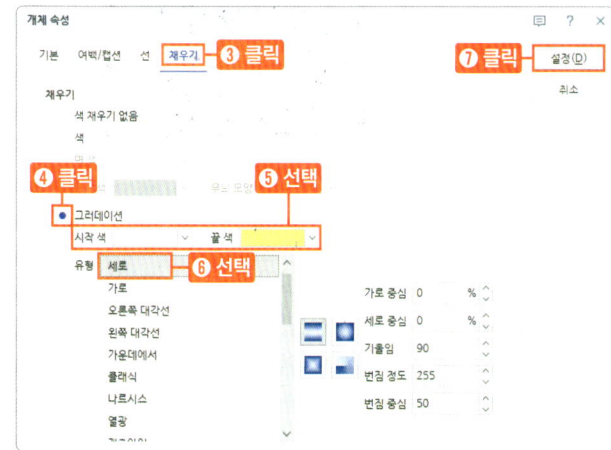

4 이어서, [도형(🖼)] 탭-'글 뒤로(▤)'를 클릭합니다.

02 내용 입력하고 글자 서식 변경하기

1 다음과 같이 글자를 입력합니다.

> 마스카라 페스티벌
>
> 필리핀 설탕 산업의 중심지이던 필리핀 중부 네그로스 섬의 바콜로드 시에서 매년 10월에 열리는 가면 축제로, 1980년에 시작됐다. 축제 명칭 '마스카라'(Masskara)는 '대중', '군중'을 의미하는 영어mass에 '얼굴'을 의미하는 에스파냐어kara를 붙여 만든 합성어다. 즉 '마스카라'는 '미소 짓거나 웃는 많은 얼굴들'이라는 의미로, 초기부터 축제의 슬로건이던 '미소의 도시'(CityofSmilingFaces)의 의미를 반영한 것이다. 이처럼 영어와 에스파냐어를 혼합한 명칭을 고안해낸 이는 화가이며 바콜로드 예술협회 회장이던 엘리 산티아고(ElySantiago)였다. 한편 '마스카라'(maskara)는 필리핀의 주요 언어인 타갈로그어로 '가면'을 뜻하기도 한다.

2 '마스카라 페스티벌'을 블록 지정한 후, [서식]도구 상자에서 '글꼴(한컴 바겐세일 B), 크기(32pt)'을 선택합니다.

3 '마스카라' 만을 블록 지정한 후, 마우스 오른쪽 단추를 눌러, [글자 모양]–[확장] 탭에서 '강조점(⊙)'을 선택한 후, <설정> 단추를 클릭합니다.

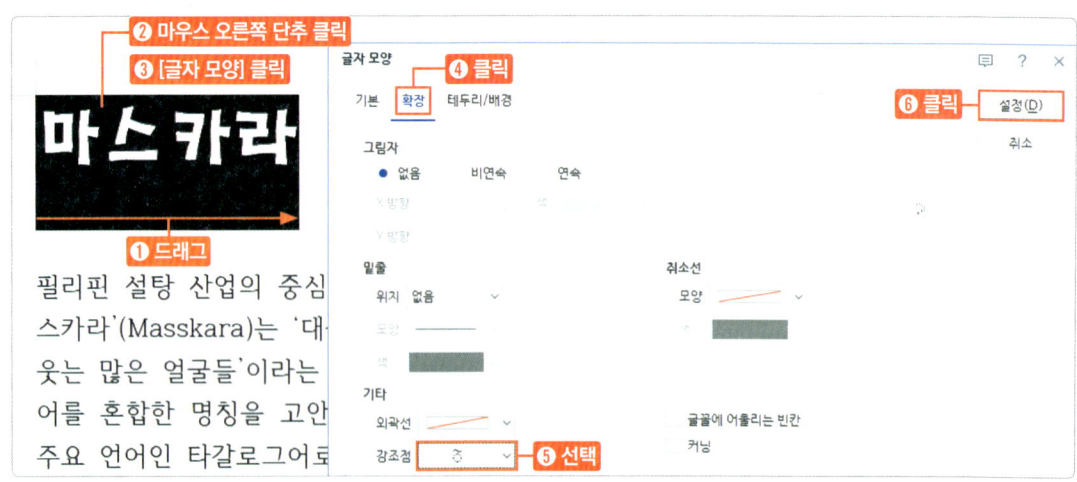

4 본문의 '필리핀 ~ 뜻하기도 한다.'까지 블록 지정한 후, [서식]도구 상자에서 '글꼴(한컴 바겐세일 B), 크기 (16pt)'을 클릭합니다.

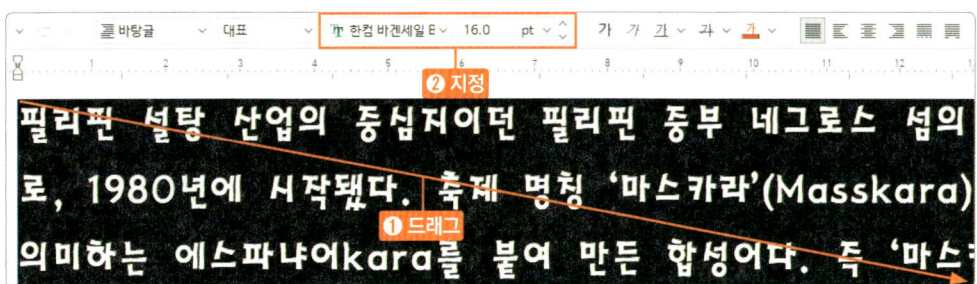

03 그림 삽입하고 캡션 넣기

1 [입력] 탭-[그림( )]을 클릭한 다음 [그림 넣기] 대화상자가 나오면 [불러올 파일]-[CHAPTER 20]-'마스카라.jpg' 파일을 선택하고 '문서에 포함', ' 마우스로 크기 지정'을 클릭한 후, <열기> 단추를 클릭합니다.

2 문서의 오른쪽 아래로 그림과 같이 드래그하여 삽입한 후, [그림( )] 탭-[그림 스타일]-'회색 아래쪽 그림자'를 클릭합니다. 이어서, [캡션( )]-'아래'를 선택합니다.

※ 캡션 내용 : '마스카라 페스티벌 마스크'

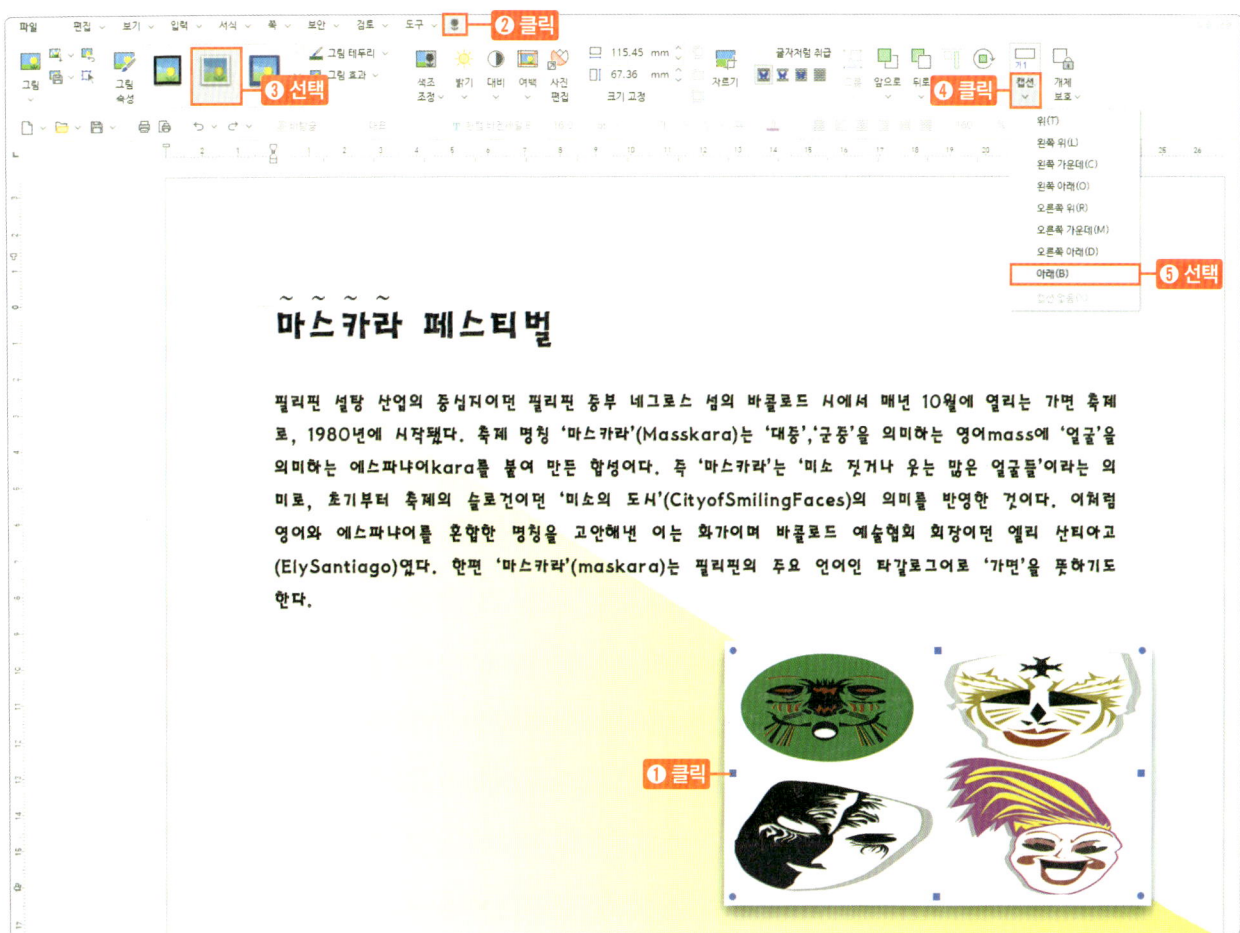

'그림1~마스크'까지 블록 지정하고 서식을 적용합니다.

※ 글꼴(굴림), 크기(10pt)

3 모든 작업이 끝나면 [파일] 탭-[저장하기]를 클릭하고 본인의 폴더를 선택합니다. 이어서, 파일 이름을 '마스카라 페스티벌(홍길동)'으로 저장합니다.

CHAPTER 20

미션 수행하기

■ 불러올 파일 : 열기구.jpg   ■ 완성된 파일 : 20차시 미션(완성).hwpx

MISSION 도형으로 배경을 삽입하고, 그림에 캡션을 넣어 설명합니다.

1. • [그리기마당(M)]-[순서도]의 '문서'를 선택한 후, 그림과 같이 배치합니다.
   • 채우기 : [그러데이션]에서 '시작 색(하양), 끝 색(하늘색 40% 밝게), 유형(세로)'를 선택한 후, '글 뒤로(▤)'를 클릭합니다.

2. 그림과 같이 글자를 입력합니다.
   • 제목 : '글꼴(한컴 바겐세일 B), 크기(32pt) 강조점(⦂)'
   • 본문 : '글꼴(한컴 바겐세일 B), 크기(16pt)'을 클릭합니다.

3. • 그림 삽입은 [불러올 파일]-[CHAPTER 20]-'열기구.jpg' 파일을 선택하고 '문서에 포함', '마우스로 크기 조절', [캡션(▤)]-'아래'를 선택합니다.
   • 그림1의 글씨 옆으로 '열기구'를 입력하고 '글꼴(함초롬돋움), 크기(13pt)를 클릭'합니다.

CHAPTER 20 마스카라 페스티벌 • 137

CHAPTER 21 사과축제

📁 불러올 파일 : 사과배경.jpg   📁 완성된 파일 : 사과축제(완성).hwpx

사용 기능 • 글맵시, OLE 개체 사용

완성작품 미리보기

창의력 문제

※ 인터넷 검색을 활용합니다.

Q. 사과로 만들 수 있는 음식은 무엇이 있을까요?

쪽 배경과 글맵시로 제목 입력하기

1 [쪽] 탭-[쪽 테두리/배경(📗)]을 클릭한 다음 [배경] 탭-'그림'을 선택합니다. 이어서, '그림 선택(📁)'-[불러올 파일]-[CHAPTER 21]-'사과배경.jpg' 파일을 선택하고 '문서에 포함'을 클릭한 후, <열기> 단추 및 <설정> 단추를 클릭합니다.

2 [입력] 탭-[글맵시(가나다)]의 목록 단추를 클릭합니다. 이어서, '채우기- 주황색 그러데이션, 역등변사다리꼴 모양(가나다)'을 선택합니다.

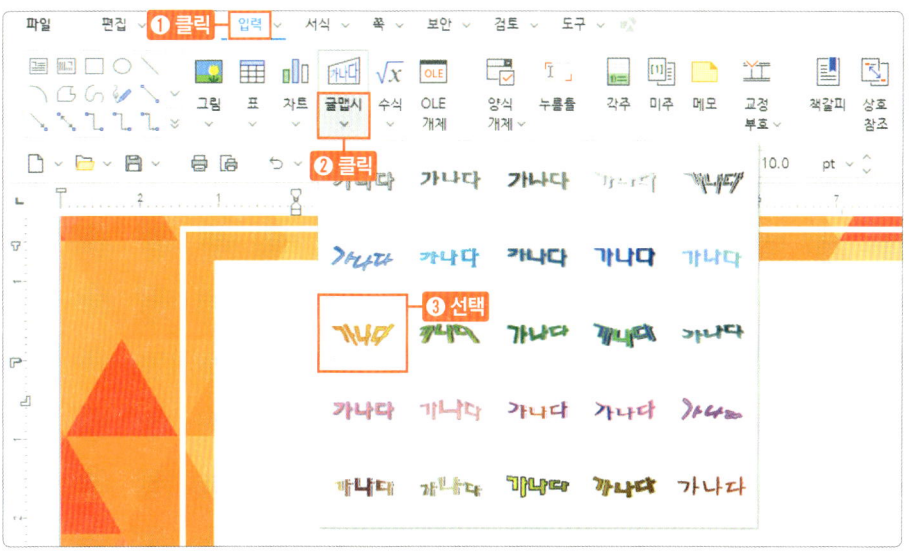

3 [글맵시 만들기] 대화상자가 나오면 내용에 '11월 사과축제'를 입력한 후, '글맵시 모양(위쪽 리본사각형), 글꼴(HY견고딕)'을 클릭한 다음 <설정> 단추를 클릭합니다.

4 글맵시 크기를 조절한 후, 그림과 같이 복사합니다.

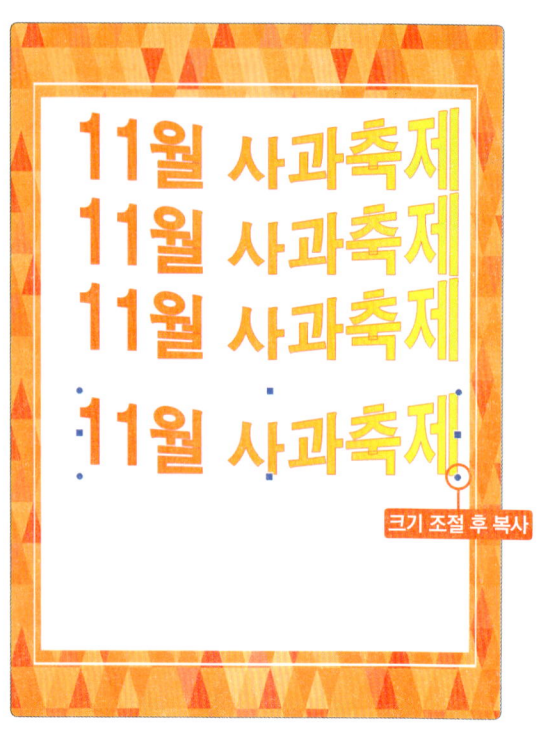

5 두 번째 글맵시를 더블 클릭하여 [개체 속성] 대화상자가 나오면, [글맵시] 탭 내용에서 '밀양 얼음골 사과축제'을 입력하고 '글맵시 모양(오른쪽으로 줄이기)'를 선택합니다.

 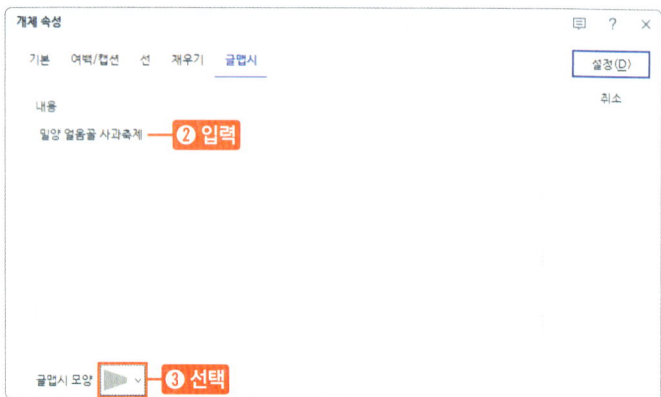

6 이어서, [채우기] 탭-[그러데이션]에서 '시작 색(시멘트색), 끝 색(하늘색)'을 선택한 다음 <설정> 단추를 클릭합니다.

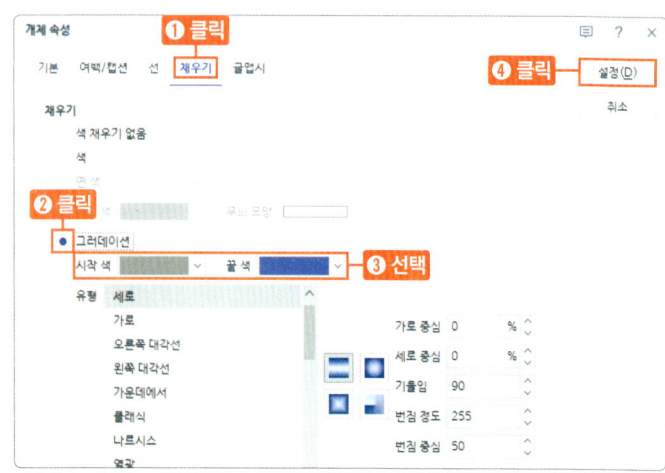

7 그림과 같이 세 번째, 네 번째 글맵시를 수정합니다.

※ '홍천 사과축제', 글맵시 모양(왼쪽으로 줄이기), '그러데이션 시작 색(노랑), 끝 색(빨강)
　'청송 사과축제', 글맵시 모양(위쪽 리본사각형), '그러데이션 시작 색(초록), 끝 색(빨강)

02. OLE 개체로 사과 그림 그리기

1 [입력] 탭-[OLE 개체(OLE)]를 클릭하고 [개체 삽입] 대화상자가 나오면 [새로 만들기]-[개체 유형]-'Paintbrush Picture'를 선택한 후, <확인> 단추를 클릭합니다.

※ Windows 10에서는 개체 유형이 '그림판 그림'으로 보입니다.

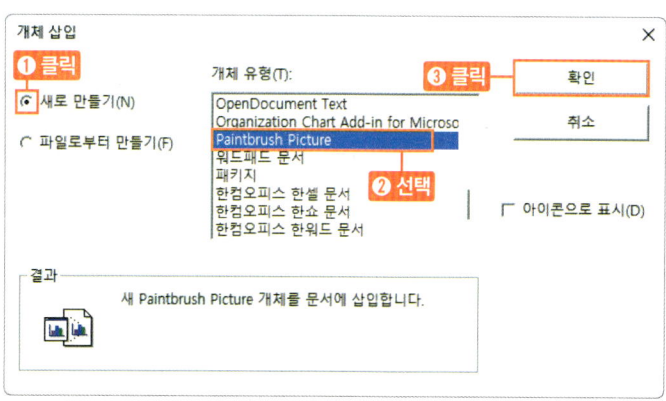

2 그림판이 실행되면 그림과 같이 도구를 이용하여 사과 그림을 그립니다. 이어서, 그림이 완성되면 그림판 프로그램을 <닫기> 단추를 클릭합니다.

3 한글에 사과가 삽입되며 사과를 선택한 후, 크기와 위치를 조절합니다. 이어서, 나머지 사과도 같은 방법으로 삽입해 봅니다.

4 모든 작업이 끝나면 [파일] 탭-[저장하기]를 클릭하고 본인의 폴더를 선택합니다. 이어서, 파일 이름을 '사과축제(홍길동)'으로 저장합니다.

CHAPTER 21

- 불러올 파일 : 불꽃배경.jpg
- 완성된 파일 : 21차시 미션(완성).hwpx

 글맵시로 글자를 꾸미며 OLE 개체로 그림판에서 그림을 그려 한글에 삽입합니다.

1. 쪽 배경 : [불러올 파일]-[CHAPTER 21]-'불꽃배경.jpg'
2. 글맵시를 입력합니다.
   - 11월 불꽃축제 : '파란색 그러데이션, 역갈매기형 수장 모양(가나다)'
   - 부산 불꽃축제 : '진초록색 그러데이션, 회색 그림자, 위로 계단식 모양(가나다)'
   - 운정호수공원 불꽃축제 : '채우기 연한 자주색 그러데이션, 역위로 계단식 모양(가나다)'
3. [입력] 탭-[OLE 개체]-'Paintbrush Picture'를 선택한 후, 그림판에서 '브러시(✓)'를 선택하여 불꽃 모양을 그려줍니다.

CHAPTER 21 사과축제 • 143

태국 러이끄라통

불러올 파일 : 태국배경.jpg   완성된 파일 : 태국 러이끄라통(완성).hwpx

사용 기능 • 표 만들기, 계산식 사용

완성작품 미리보기

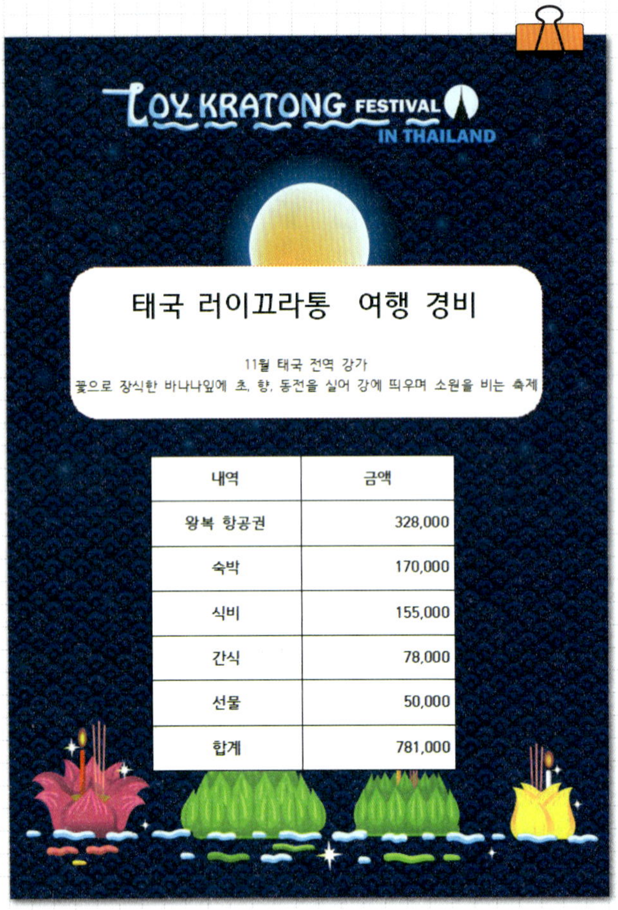

내역	금액
왕복 항공권	328,000
숙박	170,000
식비	155,000
간식	78,000
선물	50,000
합계	781,000

창의력 문제

Q 어떤 소원을 이루고 싶나요?

 **쪽 배경과 글맵시로 제목 입력하기**

1 [한글 2022]에서 [쪽] 탭-[쪽 테두리/배경(　)]을 클릭합니다.

2 [쪽 테두리/배경] 대화상자에서 [배경] 탭-[그림]-'그림 선택(　)'을 클릭한 다음 [불러올 파일]-[CHAPTER 22]-'태국배경.jpg' 파일을 선택하고 '문서에 포함'을 한 후, <설정> 단추를 클릭합니다.

 **가로 글상자로 내용 입력하기**

1 [입력] 탭-[가로 글상자(　)]를 선택한 후, 마우스 포인터가 ╋ 모양으로 변경되면 그림과 같이 드래그한 다음 내용을 입력합니다.

※ 글상자 내용 : '태국 러이끄라통 여행 경비 11월 태국 전역 강가 꽃으로 장식한 바나나잎에 초, 향, 동전을 실어 강에 띄우며 소원을 비는 축제'

CHAPTER 22 태국 러이끄라통

2 '태국 러이끄라통 여행 경비'를 블록 지정한 다음 [서식] 도구 상자에서 '글꼴(함초롬돋움), 크기(27pt), 가운데 정렬'을 지정합니다.

※ '11월~비는 축제'를 블록 지정하고 '글꼴(함초롬돋움),크기(13pt), 가운데 정렬'을 클릭합니다.

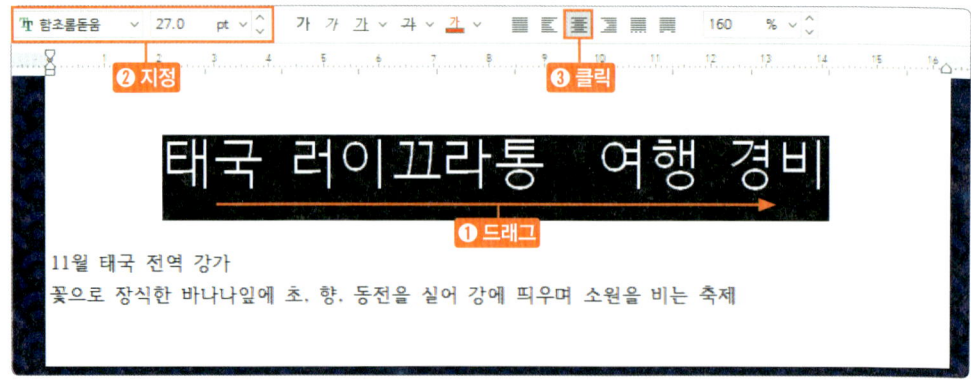

3 가로 글상자를 더블 클릭한 다음 [개체 속성] 대화상자가 나오면 [선] 탭-[선]에서 '종류(없음), 사각형 모서리 곡률(둥근모양)'을 선택한 후, <설정> 단추를 클릭합니다.

03 표와 내용 입력하기

1 [입력] 탭-[표(▦)]를 클릭한 다음 [표 만들기] 대화상자가 나오면 '줄 개수(7), 칸 개수(2), 마우스 끌기로 만들기'를 지정한 후, <만들기> 단추를 클릭합니다.

2 가로 글상자 아래로 마우스를 드래그하여 표를 그린 후, 바로 표 테두리를 더블 클릭하여 [표/셀 속성] 대화 상자가 나오면 [배경] 탭-[색]에서 '면 색(하양)'을 선택한 후, <설정> 단추를 클릭합니다.

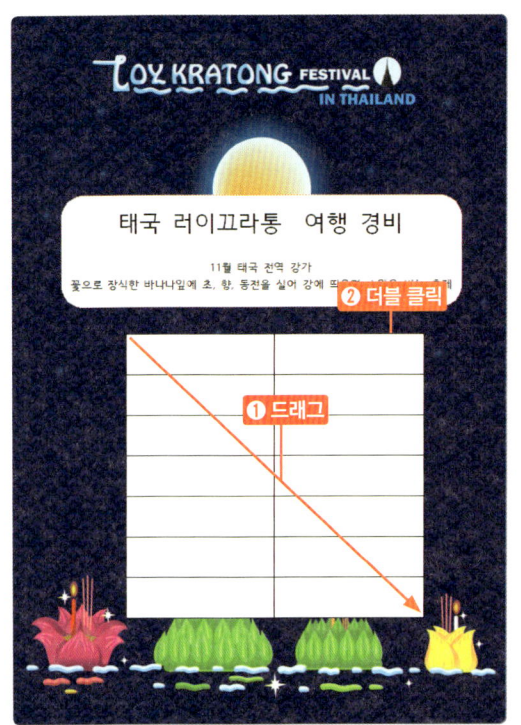
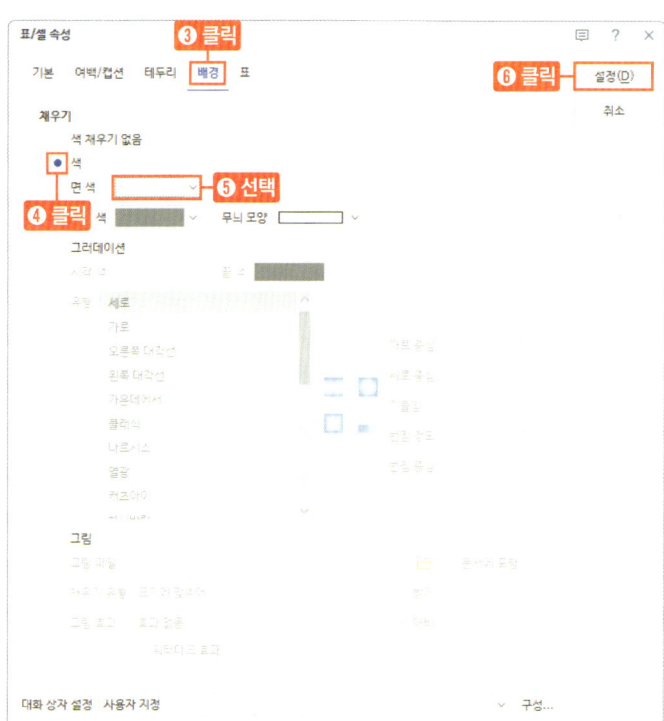

TiP [표 디자인] 탭에서 [표 채우기]를 사용하면 표의 채우기 색을 지정할 수 있습니다.

3 표 안에 다음과 같이 글자를 입력합니다.

※ 글꼴(함초롬돋움), 크기(15pt), 진하게, '가운데 정렬'
금액이 적힌 숫자는 '328000~ 50000'을 블록 지정한 후, ' 오른쪽 정렬'

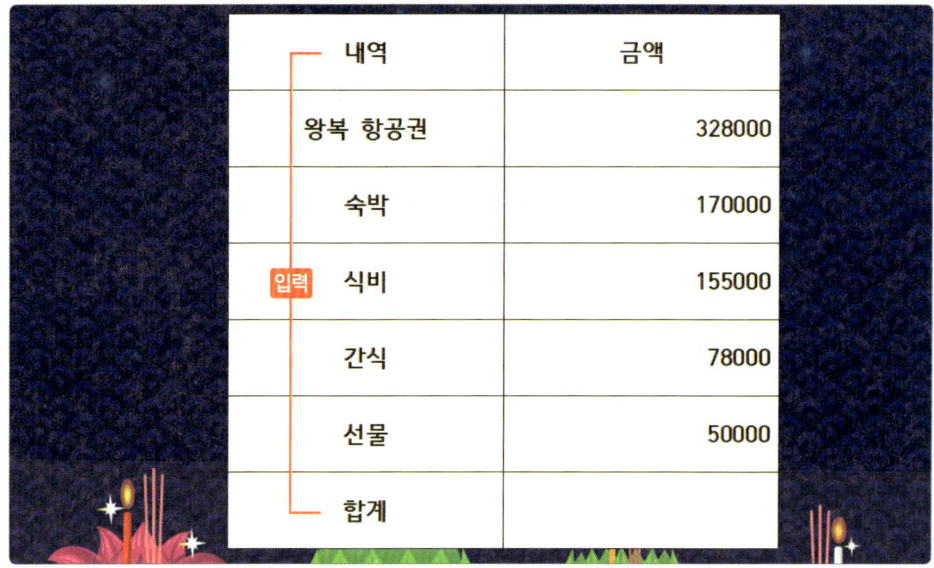

04 표의 1,000단위 구분 쉼표와 계산식 사용하기

1 금액 '328000~50000'을 블록 지정한 후, [표 레이아웃()]-[1,000단위 구분 쉼표(100)]-'자릿점 넣기'를 선택합니다.

2 [표 레이이아웃(▦)]-[계산식(▦)]-'블록 합계'를 선택합니다.

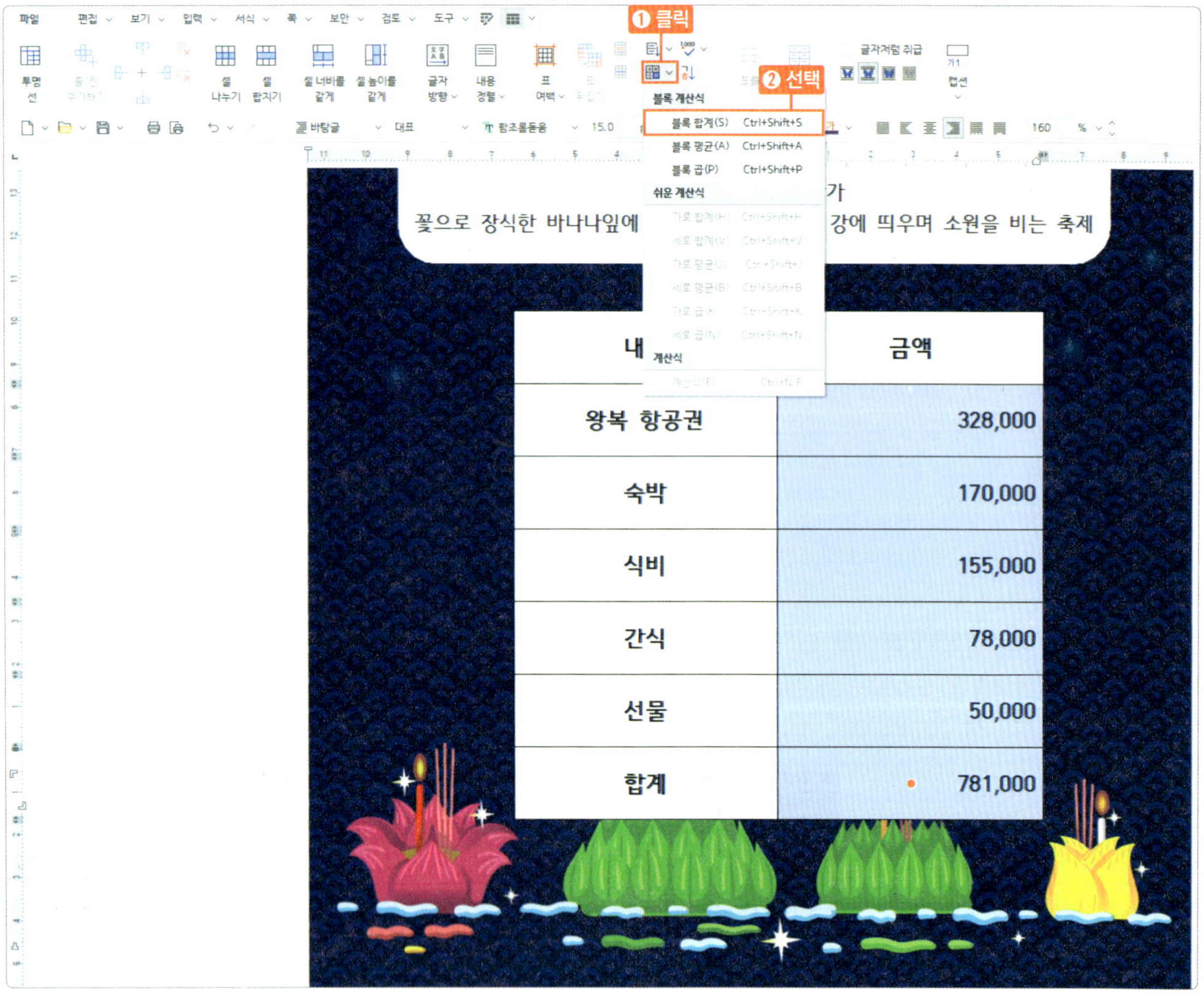

내용	금액
왕복 항공권	328,000
숙박	170,000
식비	155,000
간식	78,000
선물	50,000
합계	781,000

3 모든 작업이 끝나면 [파일] 탭-[저장하기]를 클릭하고 본인의 폴더를 선택합니다. 이어서, 파일 이름을 '태국 러이끄라통 여행 경비(홍길동)'으로 저장합니다.

CHAPTER 22

📁 **불러올 파일** : 표지판.jpg, 멕시코배경.jpg 📗 **완성된 파일** : 22차시 미션(완성).hwpx

 표를 만들고 1,000단위 구분 쉼표와 계산식을 적용합니다.

1. • 쪽 배경 : [불러올 파일]-[CHAPTER 22]-'멕시코배경.jpg'
   • 오른쪽 보이는 빈 표지판에는 '표지판.jpg'을 삽입합니다.

2. 가로 글상자(📄)에 그림과 같이 내용을 입력합니다.
   • 제목 : '글꼴(함초롬돋움), 크기(27pt), 진하게, 가운데 정렬'
   • 본문 : '글꼴(함초롬돋움), 크기(13pt)'
   • 글상자 : [선 종류]-'없음', 사각형 모서리 곡률(둥근모양)

3. 표 만들기 : 줄 개수(7), 칸 개수(2), 마우스 끌기로 만들기로 만듭니다.
   • 표 : 면 색(하양), 내용 입력
   • '글꼴(함초롬돋움), 크기(15pt), 진하게, 가운데 정렬'
   • 금액 '1760000~150000'을 블록 지정한 후, '오른쪽 정렬', 자릿점 넣기, 합계

CHAPTER 22 태국 러이끄라통 • 149

크리스마스

- 불러올 파일 : 양자리.jpg, 황소자리.jpg, 쌍둥이자리.jpg, 게자리.jpg, 사자자리.jpg, 처녀자리.jpg, 천칭자리.jpg, 전갈자리.jpg, 사수자리.jpg, 염소자리.jpg, 물병자리.jpg, 물고기자리.jpg, 별자리배경.jpg
- 완성된 파일 : 크리스마스(완성).hwpx

사용 기능 • 표 만들기, 그림 삽입, 셀 테두리, 하이퍼링크

완성작품 미리보기

창의력 문제   ※ 인터넷 검색을 활용합니다.

Q 12월에 제일 기대되는 날은 어떤 날인가요?

01 쪽 배경 지정하기

1 [한글 2022]를 실행한 후, [보기] 탭-[쪽 맞춤(□)]을 클릭한 다음 [쪽] 탭-[편집 용지(▤)]를 클릭합니다. 이어서, [편집 용지] 대화상자가 나오면 '용지 방향'-'가로', [용지 여백]-'위쪽, 머리말(10mm), 왼쪽, 오른쪽, 꼬리말, 아래쪽(5mm), 제본(0mm)'로 변경한 후, <설정> 단추를 클릭합니다.

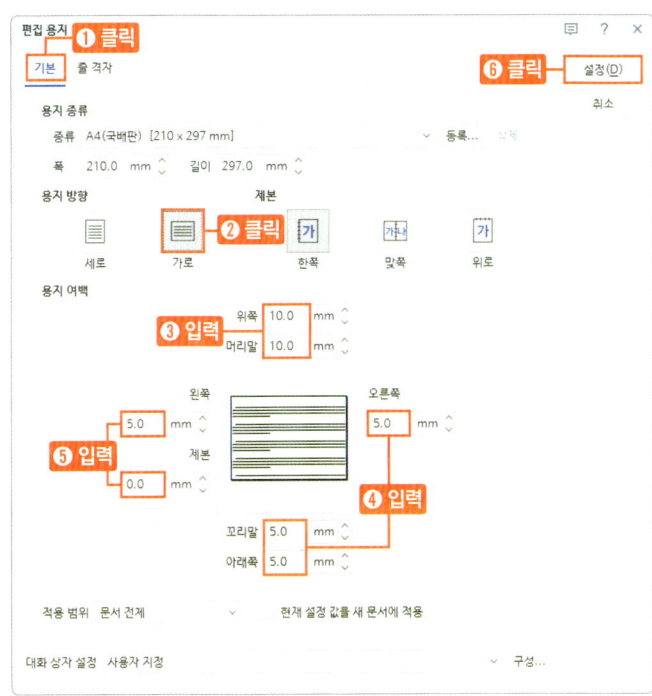

2 [쪽 테두리/배경(▨)]을 클릭하고 [쪽 테두리/배경] 대화상자가 나오면 [배경] 탭-[그림]-'그림 선택(📁)'을 클릭합니다. 이어서, [불러올 파일]-[CHAPTER 23]-'별자리배경.jpg' 선택한 다음 <열기> 단추 및 <설정> 단추를 클릭합니다.

3 [입력] 탭-'글맵시(가나다)'의 목록 단추를 클릭하고 '채우기 – 없음, 직사각형 모양(가나다)'을 선택합니다.

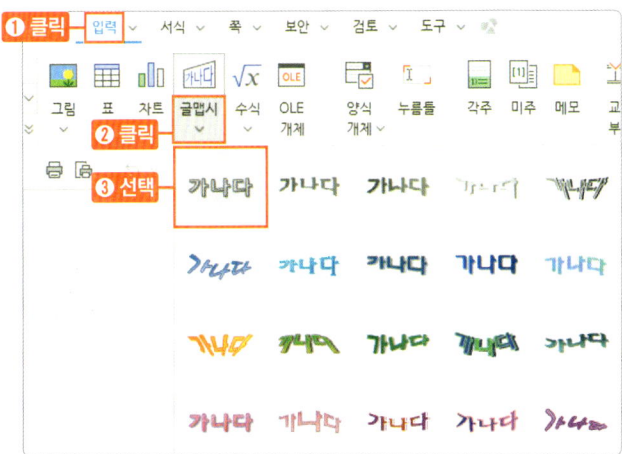

4 [글맵시 만들기] 대화상자가 나오면 내용에 '크리스마스'라고 입력한 후, '글맵시 모양(직사각형)', '글꼴(HY견고딕)'을 클릭한 후, <설정> 단추를 클릭합니다.

※ 글맵시 크기 : 너비(155mm), 높이(20mm)

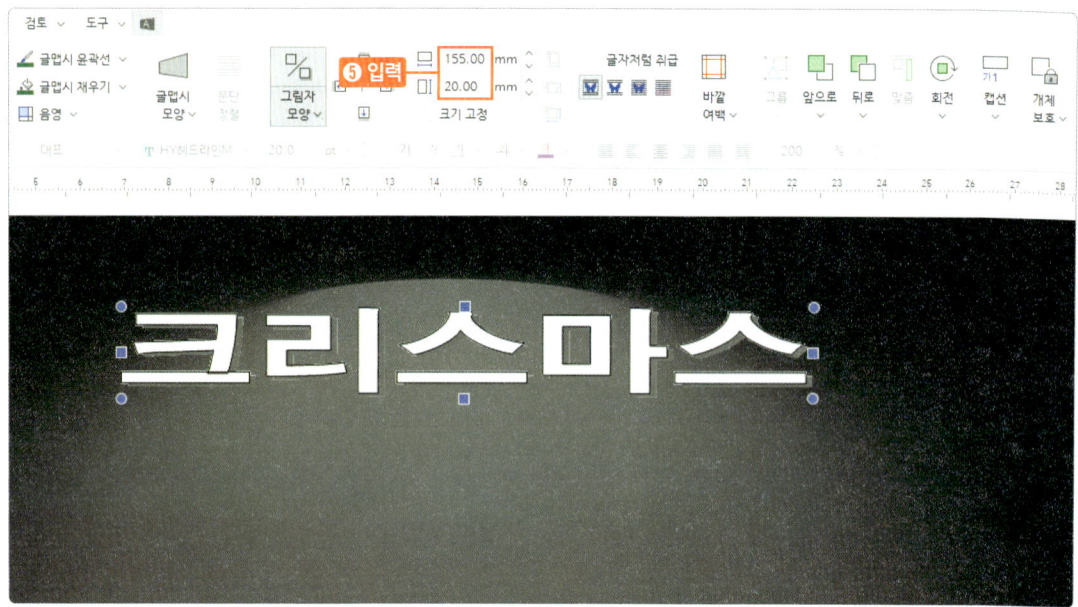

5 한글 문서에 첫 줄에 커서를 둔 후, Enter 키를 5번 눌러 줄 바꿈을 한 후, 다음과 같이 문자를 입력합니다.

※ 본문 내용 : '예수 그리스도의 탄생을 기념하는 축일 크리스마스씰 : 결핵 퇴치 기금을 모으기 위하여 크리스마스 전후에 발행하는 증표'
글꼴(HY 헤드라인M), 크기(10pt)를 지정합니다.

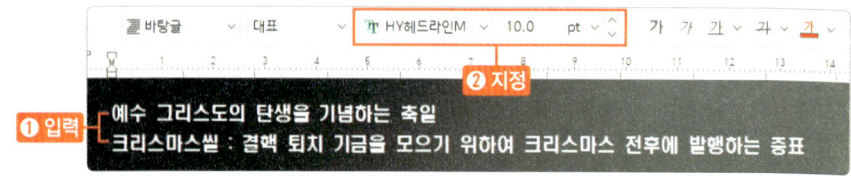

02 표 만들고 표 배경 그림 삽입하기

1 표를 마우스 끌기로 만들어 줍니다.

※ 줄 개수(2), 칸 개수(6), 마우스 끌기로 만들기

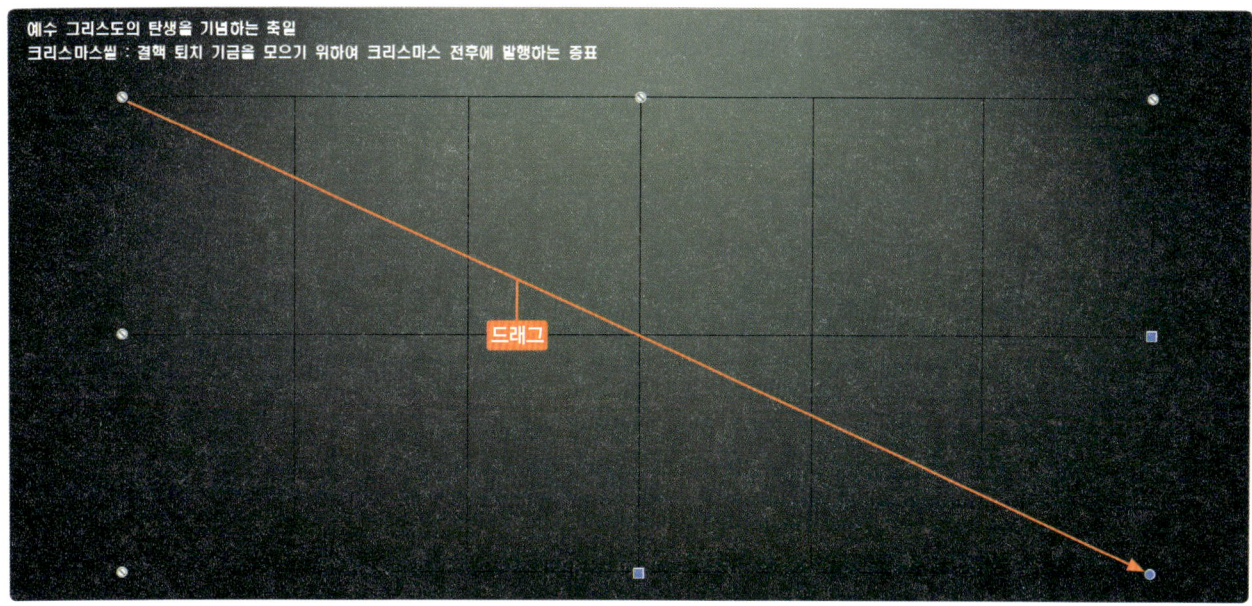

2 표 전체를 블록 지정한 후, 마우스 오른쪽 단추를 눌러 [셀 테두리/배경]-[각 셀마다 적용]을 선택합니다. 이어서, [셀 테두리/배경] 대화상자에서 [테두리] 탭-[테두리]에서 '종류(원형 점선), 굵기(1mm), 색(하양), 모두'를 선택합니다.

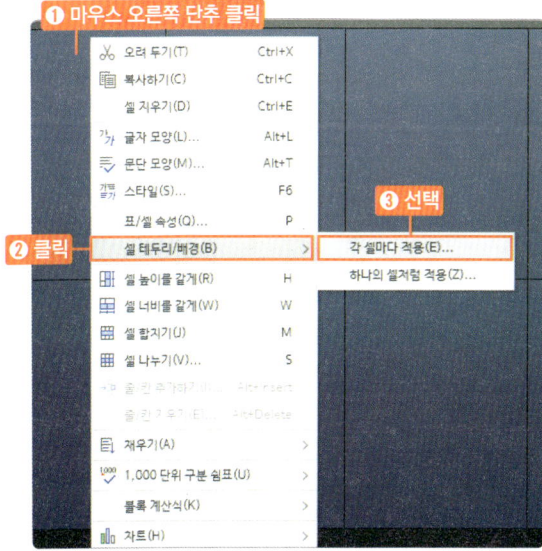
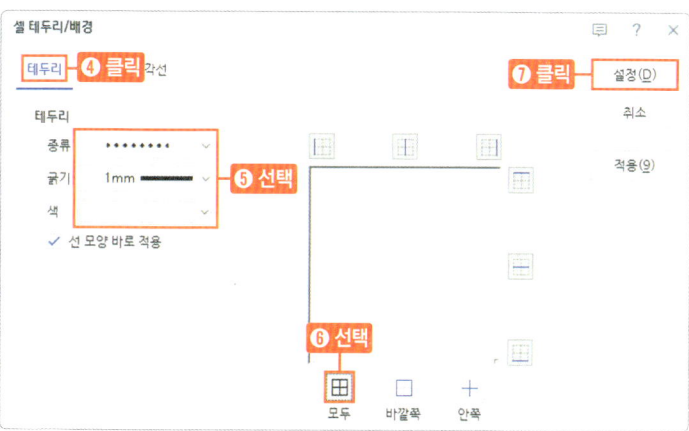

CHAPTER 23 크리스마스 • 153

3. 첫 번째 칸을 클릭한 다음 마우스 오른쪽 단추를 눌러 [셀 테두리/배경]-[각 셀마다 적용]을 선택합니다. 이어서, [셀 테두리/배경] 대화상자가 나오면 [배경] 탭-[그림]-'그림 선택()'을 클릭한 후, [불러올 파일]-[CHAPTER 23]-'양자리.jpg'를 선택한 다음 <설정> 단추를 클릭합니다.

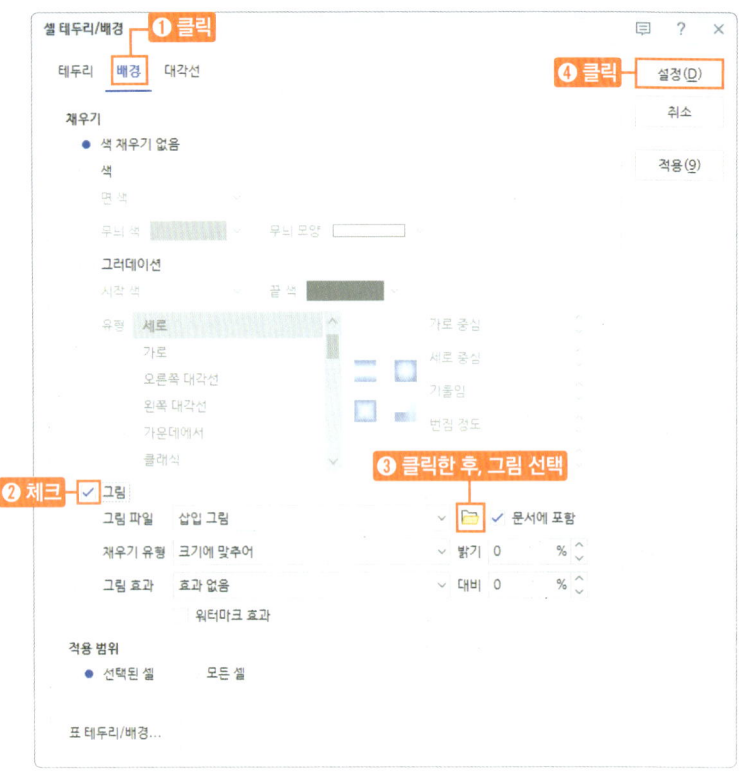

TiP 표 안에 커서를 둔 후, F5 키를 1번 누르면 하나의 셀이 블록 설정이 되며 단축키 C 키를 누르면 바로 [셀 테두리/배경]의 [배경] 탭 대화 상자가 나옵니다.

4. 위와 같은 방법으로 '황소자리', '쌍둥이자리', '게자리', '사자자리', '처녀자리', '천칭자리', '전갈자리', '사수자리', '염소자리', '물병자리', '물고기자리'의 그림을 삽입합니다.

 하이퍼링크 연결하기

1 첫 번째 페이지 본문 내용 아래에 커서를 위치한 후, [쪽]-[쪽 나누기()]를 클릭합니다. 이어서, 두 번째 페이지로 커서가 이동하면 다음과 같이 내용을 입력하고 서식을 적용합니다.

※ 글꼴(HY헤드라인M), 글자 크기(20pt), '가운데 정렬', '줄 간격 200%'

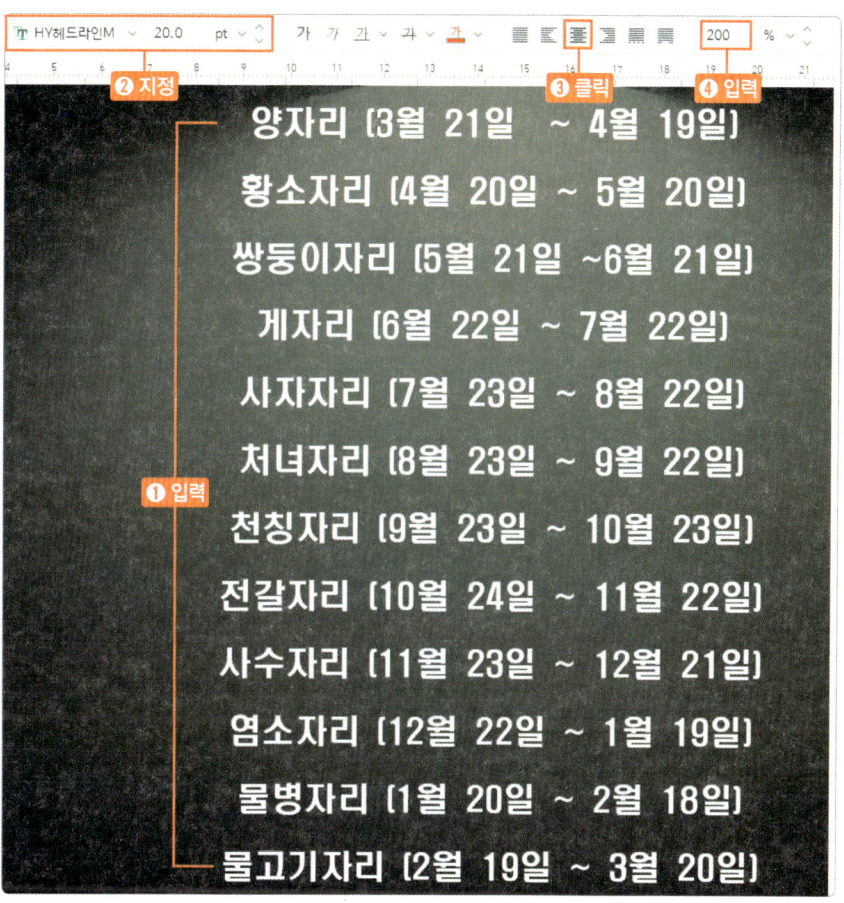

2 두 번째 페이지의 문장 앞에 커서를 위치합니다. 이어서, [입력] 탭-[책갈피()]를 클릭한 다음 [책갈피] 대화상자가 나오면 '책갈피 이름(별자리 순서)'를 입력하고 <넣기> 단추를 클릭합니다.

3. 첫 번째 페이지로 이동하여 '크리스마스' 제목을 클릭한 후, [입력] 탭-[하이퍼링크(⊕)] 를 클릭합니다.

4. [하이퍼링크] 대화상자가 나오면 '연결 대상'-[한글 문서] 탭을 선택한 후, '별자리 순서' 클릭한 다음 <넣기> 단추를 클릭합니다.

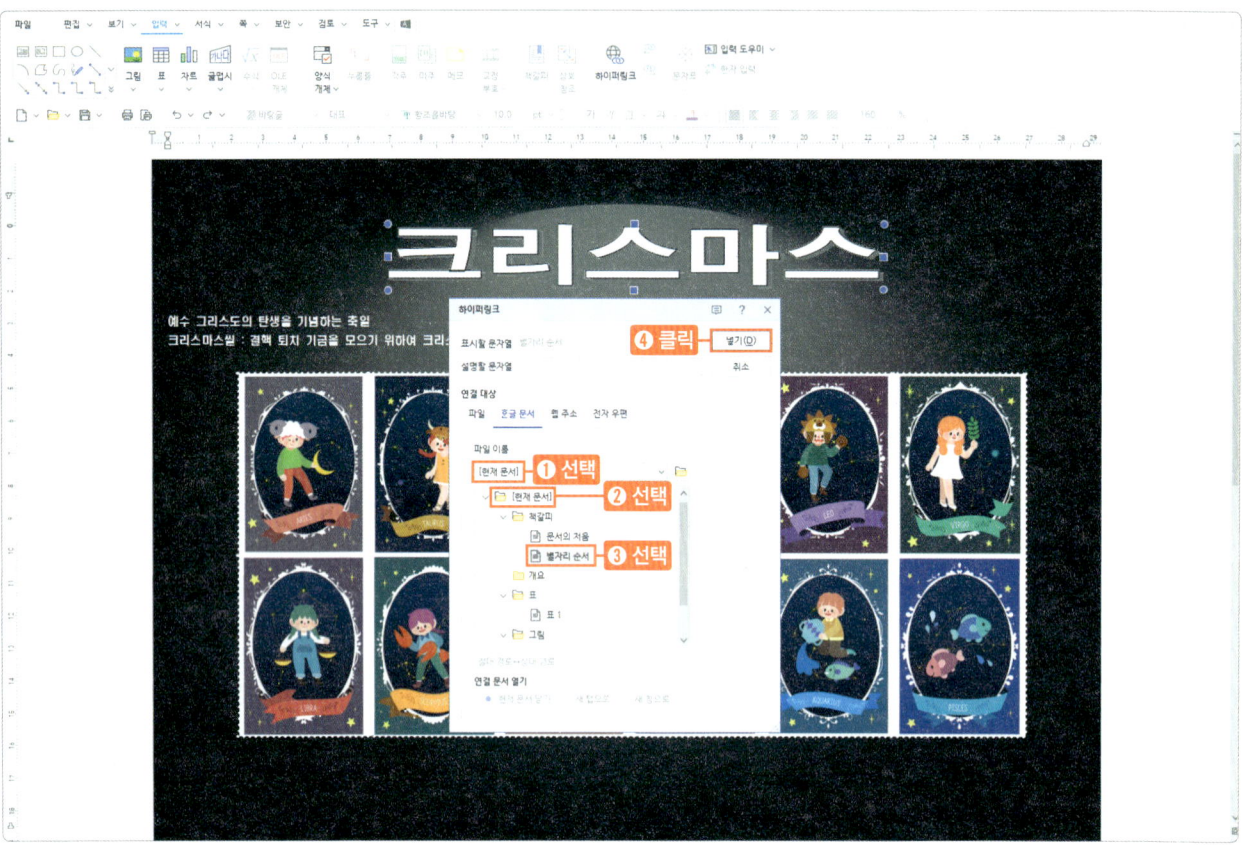

5. 크리스마스 글자를 Ctrl 키를 누른 상태에서 클릭하면 두 번째 페이지로 이동됩니다.

6. 모든 작업이 끝나면 [파일] 탭-[저장하기]를 클릭하고 본인의 폴더를 선택합니다. 이어서, 파일 이름을 '크리스마스(홍길동)'으로 저장합니다.

CHAPTER 23

미션 수행하기

불러올 파일 : 해돋이 배경.jpg, 호미곶.jpg, 서천.jpg, 여수.jpg, 해남.jpg, 정동진.jpg　**완성된 파일** : 23차시 미션(완성).hwpx

> **MISSION** 표를 만들고 하이퍼링크를 이용하여 문서를 연결합니다.

① • 편집 용지 : '가로(▤)'
　• 용지 여백 : '위쪽, 머리말(10mm), 왼쪽, 오른쪽, 꼬리말, 아래쪽(5mm), 제본(0mm)'
　• 쪽 배경 : [불러올 파일]-[CHAPTER 23]-'해돋이 배경.jpg'

② • 글맵시 : '채우기 없음 – 직사각형 모양(가나다)'
　• 본문 : '글꼴(HY 헤드라인M), 크기(15pt)'

③ • 표 : '줄 개수(1), 칸 개수(6), 마우스 끌기로 만들기'
　• 그림 : '호미곶.jpg, 서천.jpg, 여수.jpg, 해남.jpg, 울산.jpg, 정동진.jpg'

④ 두 번째 페이지로 본문
　• '글꼴(HY헤드라인M), 글자 크기(24pt), 가운데 정렬, 줄 간격 300%'

⑤ '일정' 앞에 커서를 둔 후, '책갈피 이름(일정)

⑥ 첫 번째 페이지 제목에 하이퍼링크 연결을 '일정'으로 합니다.

PROJECT 03
유럽 3대 크리스마스 마켓

불러올 파일 : 마켓1.jpg, 마켓2.jpg, 마켓3.jpg ■ 완성된 파일 : 크리스마스 마켓(완성).hwpx

사용 기능
- 쪽 배경, 캡션 입력, 표 안에 그림 삽입

완성작품 미리보기

유럽 3대 크리스마스 마켓

프랑스 스트라스부르 : 프랑스 내에서 가장 오래된 크리스마스 마켓

독일 뉘른베르크 : 유럽내 가장 인기 있는 크리스마스 마켓

오스트리아 비엔나 : 700년이 넘는 역사를 자랑하는 크리스마스 마켓

표 1 크리스마스 마켓 이미지

창의력 문제
※ 인터넷 검색을 활용합니다.

Q 크리스마스는 어떤 날인가요?

작업지시서

1 편집 용지 가로, 쪽 여백 '좁게1(머리말, 꼬리말 여백 포함)', '쪽 맞춤'

2
- 쪽 테두리 : '종류(원형 점선), 굵기(0.5mm), 색(빨강), 모두 적용'
- 쪽 배경 : [그러데이션]에서 '시작 색(하양), 끝 색(주황 80% 밝게), 채울 영역(테두리)'

3 내용을 입력합니다.
- 제목 : '글꼴(한컴 소망B), 크기(20pt), 가운데 정렬'
- 본문 : '글꼴(한컴 소망B), 크기(14pt)'

4
- 표 : '줄 개수(1), 칸 개수(3), 마우스 끌기로 만들기'
- 셀 배경 : '마켓1.jpg, 마켓2.jpg, 마켓3.jpg'

5 표의 테두리를 클릭하고 마우스 오른쪽 단추를 눌러 [캡션 넣기]를 클릭한 후, 내용을 입력합니다.
- '글꼴(돋움), 크기(10pt), 오른쪽 정렬'을 클릭합니다.

MEMO